La vie à tâtons

Marie Fitzgerald

La vie à tâtons

Éditions de Noyelles

Éditions de Noyelles,
avec l'autorisation des Éditions Nouvelles Plumes

123, boulevard de Grenelle, Paris

ISBN : 978-2-298-09577-7

Pour Claude, mon si cher ami
qui m'a inspiré cette histoire

À son humanité et son humour,
à sa générosité et son sens inouï de la fête.

À l'Homme,
Quelle que soit la nature de son mal,
l'origine ou l'intensité.
Seul dans ce face-à-face inéluctable avec lui-même
confronté à sa limite
dans un corps-à-corps avec son point de non-retour
au bord du gouffre.
Équilibriste,
danseur émérite de la vie.

PREMIÈRE PARTIE

ALAIN

La nuit tombe. Avec l'obscurité, ma peur revient. Oui, j'ai peur… doublement même, car je l'appréhende cette peur, je la guette comme lorsqu'un robinet fuit et qu'on attend, crispé, la prochaine goutte. Ma peur est perverse, elle joue avec mes nerfs en s'annonçant d'abord puisqu'elle me torture par anticipation en distillant en moi la certitude que, dans quelques minutes, l'angoisse s'incrustera dans chaque cellule de mon corps. Tous les soirs, elle ressurgit. Je suis sa proie. Vingt-cinq nuits que je ne dors plus, ou sinon juste par intervalles. Vingt-cinq jours que je ne vis plus. Vingt-cinq longs jours. Mais j'ai l'impression que ça fait une éternité. Je n'ai même plus de volonté. Dans la journée, j'observe ce qui se passe autour de moi. Ça me distrait de ma vie. Ma vie ! Je n'ai plus de vie. On me l'a volée, ma vie, et le pire, je n'ai même pas réagi. Je subis le temps qui passe, comme un paralytique. Je n'attends même pas la mort et je n'ai pas non plus le courage d'aller à sa rencontre. Je suis devenu… un végétal. Jour, nuit, froid, chaud, pluie, vent. Et maintenant, ça y est, le noir a tout envahi. Je lutte pour échapper à l'obscurité en écarquillant les yeux afin de distinguer un mouvement dans la rue sur lequel reporter mon attention… J'en suis à prier pour que l'aurore arrive vite… pas pour vivre un autre jour, juste pour ne plus avoir peur. Le plus cocasse, c'est qu'en ce moment je suis à moitié exaucé. Non pas que Dieu veuille me soulager… ça fait longtemps que je ne fais plus partie de son troupeau et c'est aussi bien comme ça, mais parce que l'été arrive, alors logiquement, les nuits sont plus courtes et mon supplice avec. Je ne sais pas pourquoi j'ai autant peur de la nuit… peut-être parce que, dans le silence qui l'accompagne, je ne peux plus ne plus m'entendre penser.

CLAUDE

Midi vient de sonner au carillon de ma petite horloge. J'aime sa musique cristalline et légère qui m'annonce le passage des heures, et forcément… de la mort qui se rapproche ; mais contrairement à certains sons de cloche qui vous font froid dans le dos, ma petite horloge distille un je-ne-sais-quoi d'espiègle, de fantaisiste même. J'attends le douzième coup pour m'extraire de mon fauteuil puis me dirige à petits pas prudents vers la cuisine réchauffer mon repas. Toute personne qui ne fait pas grand-chose de ses journées sera d'accord avec moi sur le fait que manger rompt la monotonie des heures qui s'enchaînent. Aussi, je ne saute jamais un repas bien que j'aie rarement grand-faim. Et j'ai rarement faim parce que je reste dans mon fauteuil du matin jusqu'au soir alors, évidemment, je ne risque pas de brûler beaucoup d'énergie ! Sans compter qu'avec l'âge, je n'ai plus vraiment d'appétit, non plus. En résumé, je mange pour m'occuper, me distraire et avoir un prétexte pour quitter mon fauteuil, et aussi par habitude.

Cela dit, je pourrais sortir. Je ne suis pas handicapé de ce côté-là, mais je n'ai jamais aimé me promener seul, ni très longtemps non plus. Je me fatigue vite, par manque d'activité, j'avoue. Pourquoi, grands dieux, me forcerais-je à marcher, sans but, sous la pluie ou dans le froid ? C'est ce que j'essaye de faire comprendre à Angéla, ma femme de ménage, en lui disant que je fais suffisamment d'exercice avec mes allées et venues entre la chambre, le salon et la cuisine. Je sais, elle a raison. Il faudrait que je sorte tous les jours. « Au moins, faire le tour du pâté de maisons », comme elle dit, ce serait bien, mais je me trouve des excuses et puis j'aime bien la faire enrager. On se chamaille gentiment, comme un vieux couple. Il faut dire qu'Angéla est une de ces femmes fortes qui n'ont pas la vie facile mais qui ne se plaignent jamais tout en trimant sept jours sur sept pour que leurs enfants aient une vie meilleure. Et donc, elle est tenace et ne désespère pas de me faire entendre raison puisque à chaque fois qu'elle vient, on a cette même conversation :

—Vous devriez aller vous promener sinon vous allez devenir grabataire ! Et croyez pas que ce serait le meilleur moyen de me faire rester. J'ai une famille à m'occuper et je fais que le ménage, je ferai pas l'infirmière même pour vous, des fois que vous auriez des idées !

—Mais qui a envie de mettre le nez dehors par ce froid ? je lui réplique.

En fonction des saisons, je change de prétexte. J'invoque la chaleur ou le soleil, la pluie, le vent. À chaque fois, ça marche, elle s'énerve. Aujourd'hui je lui ai rabattu son gentil caquet quand j'ai rajouté :

—Parce que vous croyez que ça va me distraire de déambuler le long du trottoir ? Je suis aveugle au cas où vous l'auriez oublié... et, à quatre-vingts ans, j'ai le droit de faire ce qui me chante !

J'y suis allé un peu fort, j'admets. Mais j'aime bien nos joutes oratoires. C'est à celui qui aura le dernier mot et j'avais envie d'avoir le dernier mot justement.

—Qu'est-ce que vous voulez que ça m'apporte vos promenades en carré ? Je n'ai plus qu'à enfiler mon pyjama à rayures et, là, j'aurai vraiment l'impression d'être un prisonnier en quartier de haute sécurité !

Grosse erreur de ma part d'en avoir remis une couche, car, à son silence, j'ai deviné que la pitié avait sûrement disparu de son regard et qu'elle était à deux doigts de me répondre quelque chose de vraiment pas courtois. D'ailleurs, elle s'est ruée à l'étage en passant sa colère sur les marches de l'escalier qu'elle martelait de tout son poids en faisant un boucan du diable, histoire de me faire comprendre les mots que sa bonne éducation l'empêchait de prononcer. La connaissant, elle s'est mise à astiquer d'une main de fer les pauvres meubles qui brillent déjà bien assez, imaginant sans doute qu'elle me rossait, moi, par commode ou guéridon interposés. Je n'ai pas pu m'empêcher de lui crier :

—Angéla, arrêtez de frotter comme une désespérée ! Je ne verrai pas la différence !

Et je me suis esclaffé.

—Oh, vous ! Vous allez pas tarder à devoir vous trouver une nouvelle femme de ménage !

C'est la phrase magique qui fonctionne à tous les coups, elle marque la fin des hostilités. Elle signifie que, maintenant, Angéla ne plaisante plus. Soyons honnêtes, si je devais la remplacer, le mot n'est pas trop faible, ce serait un véritable drame. En fait, elle sait parfaitement que c'est elle qui a le pouvoir dans cette maison et je ne m'en plains pas, bien au contraire. Aussi, je réponds, mais juste pour la forme :

—Ah ! des menaces maintenant. Bravo !

CORENTIN

Je claque la porte en partant. Je fais ça à chaque fois que je dois aller à mes leçons. C'est ma façon de leur dire que j'ai pas abdiqué. Qu'ils s'imaginent pas qu'ils ont gagné même s'ils sont grave bouchés ! J'arrête pas de leur répéter que j'aime ni le piano ni le tennis. C'est pas mes trucs, c'est tout. Vous croyez que mes parents m'ont demandé ce que j'aimerais faire cette année ? Non. Ils décident pour moi, de tout. C'est vrai que le piano et le tennis, ça fait plus chic que le badminton pour la ramener avec les amis. Je capte même pas d'ailleurs comment ils ont encore des amis ! Faut dire que leurs potes sont dans le même trip. En fait, quand ils se voient, on dirait qu'ils participent au concours de « Celui qui épatera le plus les autres ». La règle du jeu est simple : ils ont le temps de l'apéro, du dîner et du café pour supplanter l'autre. Quelquefois, ils font des doubles mixtes : c'est quand les mecs parlent entre eux et les meufs entre elles. Forcément, ça multiplie par deux les chances de gagner... vous verriez un peu comme c'est chaud bouillant ! Ils s'écoutent à peine. Le minimum, quoi, pour juger de l'importance de l'info et peser s'ils marquent un point.

Maintenant vous pigez mieux pourquoi il est hors de question pour mes parents de me laisser faire du badminton. Ils m'ont même dit : « Mais enfin, Corentin, pourquoi faire tant d'histoires ? Après tout, il s'agit toujours de jouer avec une raquette et un filet. » Qu'est-ce que vous voulez répondre à ce genre d'arguments débiles ? Tout est prétexte pour parler, non pas de moi, Corentin, en tant que personne, mais de « leur fils prodige par-ci et leur fils prodige par-là... brillant au lycée, artiste avec le piano, sportif avec le tennis... ». Ce genre de foutaises.

Si vous voyiez les yeux de la caissière de notre petit supermarché de quartier qui en a grave ras-le-bol d'entendre ma mère lui annoncer, à chaque fois qu'elle y va, les bonnes notes que j'ai récoltées dans la journée ou la semaine. Je peux vous dire que la caissière la regarde avec l'envie de lui vider un chargeur de kalachnikov dans la citrouille et que la violence des impacts disloque le corps de cette cliente, dégoulinante d'orgueil, qui se prend pour la mère d'Einstein. Moi, je la comprends cette *meuf* parce qu'en plus de la gaver, ma mère bloque la caisse systématiquement cinq bonnes minutes même si elle n'a acheté qu'un kilo de tomates. L'œil larmoyant, elle la ramène en se retournant vers ceux qui font la queue avec une voix qui grimpe dans les octaves à chaque fin de phrase pour atteindre des aigus insupportables :

—Vous vous rendez compteeeeeeeeee, mon fiiiiiils Corentin – se sent-elle obligée de préciser pour ceux qui ne connaîtraient pas encore l'état civil de sa descendance, descendancc qu'elle désigne en posant alors sa main sur ma tête –, eh bien, il a encore euuuuuuu 20+/20, ouiiiiiii,

20 pluuuuuuuuuus sur 20 ! Une bénédiction, cet enfant… même les professeurs en sont…

À ce stade, la caissière passe à l'action. Elle harponne le client suivant en lui lançant son regard « hameçon », le fixe droit dans les yeux sans le perdre une seconde de vue pour le faire avancer sous hypnose en balançant à ma mère une phrase du genre :

—Y'a des gens pressés, madame Clairmagne… Avancez donc, monsieur !

Maintenant, j'attends dehors, car je suis grave sûr que cette caissière me hait et qu'elle aimerait bien perdre la clientèle de ma mère… Mais elle connaît pas ma mère ! Elle va pas laisser cette supérette vu que c'est celle de notre quartier et qu'il est bien que nos voisins sachent que « tu es d'une intelligence supérieure. Tu es trop modeste. » À chaque fois, ça m'épate ça. L'orgueil qu'elle se trimballe, ma mère ! J'ai compris maintenant, y'a rien à faire, j'ai arrêté d'essayer de la dissuader de parler de moi aux commerçants. C'est une cause perdue.

Vous savez, vous allez rire, mais honnêtement, si un jour on me disait que ma mère s'était fait assassiner j'en serais pas plus surpris que ça ! Je me demande si je le souhaite pas, inconsciemment, bien sûr. Puis je pense vite à autre chose parce que je culpabilise grave d'imaginer des trucs pareils.

Mais c'est bon, quoi ! J'en ai marre d'être la revanche de leurs ambitions frustrées… marre d'être un prodige. J'en ai marre de tout… je voudrais juste une vie normale comme ceux de ma classe… mais depuis deux ans, les autres me rejettent comme un phénomène de foire avec mon QI de 170. Je suis en quarantaine depuis ce maudit jour où ma mère a appris que j'avais une intelligence au-dessus de la moyenne. Le lendemain, elle l'a tellement claironné qu'en moins d'une semaine le vide s'est fait autour de moi… je suis devenu invisible pour les autres. Comme si le noir m'avait absorbé et que je ne reflétais plus la lumière. C'est fini. Les potes que j'avais avant ne m'invitent plus… et quand ils me parlent, c'est pour que je leur file un coup de main pour leurs devoirs.

Mais bientôt j'aurai dix-huit ans et je sais ce que je vais faire ce jour-là : je vais leur annoncer que j'arrête le piano et le tennis et j'irai passer mes dix-huit ans, seul, au cinéma. Et j'y resterai la journée ! Comme ça, je pourrai oublier ma vie de nase dès que les lumières s'éteindront. Voilà ce que je veux, rester dans le noir, là où personne ne voit plus personne…

ALAIN

J'aime bien ce coin. C'est mon préféré. Ce n'est pas le plus beau, mais il m'a attiré dès que je l'ai vu. Peut-être parce que la petite maison coincée entre ces deux immeubles me fait penser à ma vie. Elle semble comme asphyxiée… pourtant elle, elle a l'air de résister… moi, ce n'est plus le cas. Elle a un petit jardin pas vraiment entretenu, vieillot. De la placette juste en face, assis sur mon banc, à l'ombre du seul arbre – je ne sais pas ce que c'est comme arbre, on dirait une sorte de prunus –, je la regarde. J'installe mon gros sac de voyage sur le banc pour que personne ne vienne envahir mon espace. En fait, c'est inutile, vingt-cinq jours à vivre dehors et je ne suis déjà plus présentable… Mon apparence fait fuir les passants et ça m'arrange. Ça ne rate jamais. Dès qu'ils m'aperçoivent, leurs pas s'accélèrent et ils changent de trottoir. Aussi, grâce à cette position stratégique, je mets de la distance et j'évite leurs regards. C'est leur regard qui me fait honte, plus que ma situation. Le regard de l'autre ! Je n'avais jamais réalisé, avant, l'impact du regard de l'autre. C'est le plus destructeur. C'est pour ça que, sur « ma » place, je me sens protégé. Mais pas isolé. C'est bizarre comme, même en marge de la société, on a ce besoin de voir le monde bouger. Est-ce juste histoire d'avoir la certitude que l'on n'est pas tout à fait mort ou parce qu'on espère qu'un jour ils nous communiqueront leur désir de vivre ou de faire et d'aller quelque part ?

Donc ça fait presque deux semaines que j'ai découvert « ma » maison… Ça me fait sourire de dire ma maison… En fait, j'en suis venu à lui parler et je me persuade qu'elle me comprend. C'est mon amie imaginaire… C'est dangereux la solitude, on en vient vite à inventer plein de trucs.

L'autre raison pour laquelle ce coin est parfait, c'est que ce n'est pas exagérément fréquenté. Ce n'est pas au milieu du quartier commerçant et donc, il n'y a pas trop de passage, juste ce qu'il faut d'animation. À force d'observer les gens et leurs mouvements, je connais leurs habitudes, leurs horaires, la marque et la couleur de leur voiture, leurs enfants pour certains. Ils forment mon voisinage en quelque sorte. Je maintiens propres les alentours de la Place pour que les riverains ne puissent rien dire au fait que j'ai élu domicile sur ce banc.

Tiens ! Encore cette camionnette qui se gare devant ma maison. Je l'ai déjà vue la semaine dernière. C'est toujours la même femme qui en sort. Entre deux âges, les cheveux blonds décolorés, coiffés en queue-de-cheval. Pas attirante, pas laide non plus, un peu vulgaire. Grande, forte, dynamique. Elle se dépêche toujours, contourne la voiture, ouvre l'arrière, y plonge la moitié du corps et en extirpe une sorte de glacière. Elle pousse ensuite le portillon sans jamais le refermer. Elle semble toujours pressée et ne reste jamais longtemps à l'intérieur.

CLAUDE

Ah ! j'entends le portillon qui grince. C'est Annabelle qui vient m'apporter mes plateaux-repas. Je ne vous ai pas dit, mais la municipalité me fait porter des repas deux fois par semaine : les lundis et les jeudis. C'est loin d'être de la grande cuisine, ni même de la vraie, mais c'est pratique. Je n'ai plus qu'à réchauffer mes plats tout prêts au micro-ondes. Depuis le temps que je connais Annabelle, on se fait la bise et, quand elle a cinq minutes, elle s'assoit le temps de me raconter sa vie et de fumer une cigarette qu'elle prend dans mon tiroir. J'ai arrêté de fumer il y a des années, mais j'aime l'odeur et j'ai toujours des cigarettes pour mes visiteurs. Enfin, mes visiteurs, c'est beaucoup dire. En dehors d'Annabelle, il y a Angéla qui vient les mardis et vendredis matin et vous pensez bien qu'elle ne fume pas. Ensuite, mon élève de piano, les lundis après-midi et mes neveux, quelquefois. Mais cela fait longtemps qu'ils ne sont pas venus. Donc, mes cigarettes sont destinées à Annabelle et à l'un de mes neveux quand il me fait l'honneur de venir voir ce que je deviens.

—Qu'est-ce que vous m'apportez aujourd'hui, Annabelle ?

J'entends le bruit que fait le zip de la glacière qu'elle ouvre.

—Alors, comme entrées, annonce-t-elle d'une voix puissante comme si elle annonçait le nom des lauréats d'un jeu télévisé, vous avez le choix entre du céleri rémoulade, une tranche de saucisson à l'ail, des carottes râpées, une macédoine, des tomates avec un œuf dur et du taboulé.

—Toujours pareil, quoi.

—Ensuite. En plats de résistance : des lasagnes, une tranche de porc avec de la purée…

Et elle continue son énumération de plats qui sont censés me durer jusqu'à sa prochaine visite. Six repas pour trois jours. Elle n'a jamais besoin de répéter parce que, même à quatre-vingts ans, j'ai une mémoire d'éléphant. Forcément, quand on ne voit pas, on développe les autres sens et Alzheimer, ce n'est pas ce qui m'attend, je peux vous le certifier. Elle ne range jamais les barquettes dans le réfrigérateur, elle sépare les plats des entrées et me les passe par catégorie que je place en colonne sur l'étagère du haut : à gauche, les crudités et salades, à droite, la charcuterie. Ensuite, nous faisons pareil pour la viande, le poisson et les légumes sur le rayonnage du dessous. C'est ma méthode pour m'y retrouver. Les fromages en portion individuelle et autres desserts finissent entassés dans l'un des compartiments de la porte.

Quelquefois, si elle n'est pas pressée, elle s'installe sur le canapé et nous causons. La plupart du temps, elle me parle d'elle. Annabelle a une voix de contralto et un timbre sombre, donc, déjà sa voix porte, mais en plus, elle parle fort, je ne suis pas sûr qu'elle soit capable de murmurer. Mais cela colle bien avec sa personnalité de madame Sans-Gêne. Elle me distrait sacrément, cette Annabelle, avec sa gouaille et sa façon de parler crûment. Car, elle ne me cache rien, pas même les détails de sa vie intime. C'est du croustillant avec elle, je vous prie de me croire !

Depuis quelque temps, elle se débrouille pour terminer sa tournée de la matinée par chez moi, comme cela, elle mange le lunch qu'elle apporte en ma compagnie.

—Vous savez qu'il y a un SDF en face de chez vous ? Je vous le dis parce que faudrait songer à fermer votre portillon à clé. Il n'était pas là avant, mais ça fait bien trois, quatre fois que je le vois sur le banc de la petite place en face. Pour être franche, il ne ressemble pas au SDF classique… on dirait plutôt quelqu'un qui serait resté des jours sans se changer ni se laver… Il est peut-être nouveau dans le métier !? blague-t-elle.

—Il ressemble à quoi ?

Je l'entends qui se lève et se dirige vers la fenêtre.

—Je peux pas vous dire s'il est grand ou non, puisqu'il est assis. Je dirais dans la moyenne. Mince. En même temps, il ne doit pas manger beaucoup… La barbe en broussaille. Des habits corrects mais froissés, pas nets, quoi ! Il a un gros sac de voyage. Mais on voit bien qu'il va pas partir prendre un train… ça doit être son barda qu'il trimballe là-dedans.

—Quel âge ?

—C'est difficile à dire… entre cinquante-sept et soixante ans, je dirais. Des cheveux plus sel que poivre. Bon, faut que j'y aille. À jeudi et fermez votre porte à clé maintenant !

J'entends qu'elle dévale le perron puis me parvient le bruit de ses pas pressés qui s'éloignent et, enfin, le portillon qu'elle repousse. Je sais qu'elle ne le referme jamais quand elle entre, parce qu'il ne grince que deux fois : lorsqu'elle arrive et lorsqu'elle repart. Puis j'entends le moteur de sa voiture se mettre en route. Les voyants n'ont aucune idée de ce que l'ouïe nous apporte comme informations. C'est plus précis que ne le seraient des yeux parce que c'est moins subjectif. Le son est infaillible comme un radar. Je sais qui vient au bruit des pas sur les gravillons de l'allée et, à leur rythme, j'en déduis l'humeur du visiteur. Rapides, ils sont pressés, mais rapides et appuyés, ils sont énervés. Légers, ils sont gais. Lents et lourds, ils sont tristes ou fatigués... J'hésite à me lever pour fermer à clé derrière elle. C'est vrai, je ne verrouille jamais, sauf quand je vais me coucher. J'ai toujours vécu ainsi et je n'ai pas envie de vivre autrement. Notre quartier est tranquille et il n'y a rien à voler ici.

CORENTIN

J'ai dix minutes de marche pour aller chez mon prof de musique. En fait, il est gentil et c'est pas sa faute si je *kiffe* pas le piano. Je crois qu'il se doute que je déteste grave. C'est pas cool pour lui, mais j'y peux rien. J'ai commencé en septembre. Ça fait neuf mois. Et la dernière fois, il m'a dit un truc, genre : « Dans l'art, ou dans n'importe quelle autre chose d'ailleurs, on ne fait jamais rien de bon quand on avance à reculons. » Sur le coup, j'étais *vénère* mais je me demande s'il voulait pas me faire comprendre qu'il savait que j'aimais pas venir à mes leçons. Et puis il est vieux... je sais pas quel âge il a, mais il est grave plus âgé que mon grand-père. Si encore j'apprenais des musiques modernes... mais non ! j'ai droit à la totale, Chopin, Mozart... De toute façon, j'ai plus qu'un mois et c'est fini. Vivement mes dix-huit ans...

Tiens ! Y'a un encore ce SDF en face de chez le prof. Et ce portillon de nase qui grince à chaque fois, ça m'énerve ! J'ai grave l'impression de monter dans un engin à remonter le temps quand j'arrive ici. Du style

« Poussez le portillon et retrouvez-vous à l'époque des dinosaures », entre le piano et cette maison d'avant-guerre ! Bon, c'est pas tout à fait vrai. La baraque est d'avant-guerre, ça, c'est sûr. Mais dedans, c'est ultramoderne. Dépouillé mais confortable. Y'a un truc qui m'a fait marrer la première fois que je suis venu, c'est qu'y'a des cadres aux murs alors qu'il peut pas les voir. C'est du délire ! Je sais pas si c'est de la déco pour ceux qui viennent chez lui ? C'est peut-être un de ses potes qui n'en pouvait plus de voir les murs vides et blancs et qu'est parti lui acheter quelques paysages pour meubler…

Je frappe à la porte même si je sais qu'elle est toujours ouverte. J'ai pas envie de lui causer un infarctus. À chaque fois, il crie « Ennnnnnnntrezzzzzzz ! » comme s'il chantait. On dirait qu'il est content d'être dérangé. Faut dire que, vieux et aveugle, c'est sûr qu'il doit pas faire la *teuf* souvent.

— C'est moi, m'sieur.

— Je sais que c'est toi, Corentin ! On est lundi et il est 17 heures tout juste. Comment vas-tu ?

— Comme d'hab, histoire de répondre quelque chose. Puis, aussitôt, je m'en veux d'avoir pas été sympa, alors je rajoute : « Normal, quoi. »

En fait, je l'aime bien, ce vieux. Comme il voit rien, je peux être moi-même, je suis pas obligé de sourire. Je me dirige vers le piano, mais il reste assis dans son fauteuil au lieu de me rejoindre. J'attends un peu, mais rien. Il vient peut-être de faire un malaise ? Qu'est-ce que j'en sais, vu qu'il a toujours les yeux fermés, c'est pas évident.

— M'sieur, ça va ?

— Aujourd'hui, la leçon attendra un peu, Corentin. Tire tous les rideaux mais n'allume pas la lumière et viens t'asseoir.

Je me lève de la banquette, ferme les rideaux et le rejoins dans le salon, à tâtons. Je repère le divan sur lequel je m'allonge de tout mon long. C'est fou ce que ça libère de pas être vu. Trop top comme sensation.

—Quand je suis contrarié, mais vraiment contrarié par une chose à laquelle je ne peux rien, eh bien, j'écoute la *Sonate pathétique* de Beethoven et, aujourd'hui, je suis contrarié alors si ça ne te fait rien...

Et il appuie sur sa télécommande et le premier grondement commence... Au début, j'ai envie de rire. C'est vrai quoi, le mec est contrarié et il se passe une musique de l'époque antédiluvienne et moi, au lieu de tapoter sur mes touches, je me retrouve dans le noir. Enfin, si ça peut lui faire plaisir, moi, ça m'arrange, c'est du temps de gagné sur ma leçon. Au début, j'essaye de regarder dans sa direction mais je distingue pas grand-chose alors j'attends que ça passe. Comme j'y vois rien, logique, je ferme les yeux, la tête appuyée sur le haut du divan et là, bien obligé de l'entendre sa musique... j'ai pas fait gaffe au début mais, je sais pas pourquoi, elle commence à me faire flipper grave. Elle me fiche deux de tension sa *pathétique* de nase... J'ai l'impression d'écouter ce que je ressens... comme si j'entendais ma rage face à mon quotidien minable, mes parents, ma solitude... j'ai envie de pleurer, mais y'a ce silence maintenant et j'ose plus bouger. On attend, je sais pas quoi. Mais qu'est-ce qui lui prend aujourd'hui ?

—Tu sais, Corentin, je suis peut-être non voyant, mais je ne suis pas aveugle !

Je ricane nerveusement, j'aurais pas dû... mais avec ses jeux de mots nuls aussi !

—Au moins, je t'ai fait rire. C'est un début parce qu'en général les gens qui n'ont pas l'habitude de fréquenter des non-voyants culpabilisent dès qu'ils prononcent le mot « voir ». Ils s'interrompent gênés en plein milieu de leur phrase et bafouillent maladroitement une vague excuse. Les pauvres ! S'ils avaient conscience du nombre de fois qu'on utilise le mot « voir » dans une journée, moi y compris. Enfin. Revenons-en à toi, Corentin. Quand vas-tu te décider à me dire la vérité ?

C'est quoi cette embrouille ? De quoi il parle ? Je me sens rougir... C'est du grand n'importe quoi.

—Tu ne penses pas qu'aujourd'hui serait le bon jour pour me le dire?

—Dire quoi???

Là, il m'inquiète grave, le vieux. Et ce silence… ça me fait plus marrer du tout.

—Pas besoin d'être Madame Soleil pour deviner que tu détestes venir à tes leçons de piano. Ce sont des choses qu'on sent dès le premier jour avec un élève: s'il se force ou s'il a envie. Et toi, Corentin, tu te forces depuis des mois.

Il a parlé sans jugement. Je suis censé répondre quoi, là? Je sais pas si c'est la *pathétique* dans le noir qui m'a mis les nerfs en pelote, mais faut que ça sorte :

—C'est mes parents qui m'obligent.

—Maintenant on se comprend.

Nouveau silence.

—Je suppose qu'à l'instar des jeunes de ta génération la musique occupe une grande place dans ta vie… elle te fait du bien, les paroles t'adressent des messages… tu t'identifies. Pour moi, c'est la même chose avec la musique classique. Je l'appelle « La Grande Magicienne », tu sais pourquoi ? Parce qu'elle est capable d'exprimer la palette infinie de chacun de nos états d'âme… au point que je pourrais te raconter ma vie sans besoin de phrases, juste en te passant des morceaux les uns à la suite des autres, comme si au lieu de t'expliquer avec des mots, je te faisais ressentir.

Tiens ! Ma symphonie de vie, elle commencerait par « The cold song », tirée de l'opéra *King Arthur* écrit par Purcell. Cet aria est mon long et douloureux apprentissage quand, après le primaire, mes parents ont décidé de m'envoyer dans un institut spécialisé à Paris. C'était la guerre, je partais loin de chez moi pour la première fois et dans un pensionnat pour jeunes aveugles. J'étais en révolte contre ma destinée, j'étais terrorisé et j'étais sans défense. J'en voulais à mes parents de m'envoyer loin de la maison. J'ai pensé qu'ils se débarrassaient de moi, mais avec le recul, j'ai compris qu'ils avaient fait le bon choix, car dans ce pensionnat, on apprenait le braille bien sûr, mais aussi comment vivre avec notre handicap et devenir autonomes grâce à un métier manuel: chaisier par exemple ou, pour ceux qui montraient un penchant comme moi pour la musique, accordeur ou professeur... ce genre de choses. Au début, je me suis révolté contre ma condition et j'ai rejeté la musique. J'ai eu peur des années durant, paniqué à l'idée du futur et je détestais d'emblée tous ceux qui avaient la chance de voir. Pourquoi moi ? Pourquoi ça m'était arrivé, à moi ?

Puis, avec le temps qui passait et la tristesse qui s'installait, j'ai découvert que la musique devenait partie intégrante de mon quotidien. J'en suis venu à la rechercher quand j'étais seul, à distinguer comment elle vibrait en fonction de mon humeur. La musique est devenue une alliée d'abord, puis mon amie... toujours disponible. Tantôt c'est elle qui me parlait, tantôt c'est moi qui m'exprimais à travers elle, nous avions des conversations qui s'interrompaient, reprenaient modifiées parfois en accord avec le moment et les circonstances. Je me suis accroché à elle comme le noyé à la bouée, d'abord d'une façon désespérée puis l'angoisse s'est estompée et alors j'ai savouré tout simplement. J'ai compris qu'elle serait toujours là pour moi et de surcroît que j'aurais sans cesse quelque chose à découvrir sur elle, et donc sur moi, car je suis l'inverse d'un aventurier ou, plutôt, je suis un aventurier de l'âme, je fais mes voyages à l'intérieur. Ce qui m'amène à ceci : toi, tu n'es pas moi, ni personne d'autre d'ailleurs. Tu n'es pas obligé d'aimer la musique, encore moins de l'apprendre. C'est à toi de découvrir ce pour quoi tu es fait. As-tu expliqué ça à tes parents?

—Évidemment! J'ai presque gueulé. Mais ma mère insiste. Je dis pas ça pour vous faire sentir mal mais j'attends d'avoir dix-huit ans pour leur dire que j'arrête tout.

—Quand vas-tu avoir dix-huit ans?

—Le mois prochain, le 28 juin.

Il est resté silencieux un moment.

—Bien. Puisque nous n'avons plus qu'un mois à attendre, voilà ce que je te propose: on arrête les leçons de piano, mais tu continues à venir et je vais t'initier à la musique. Disons que j'échange les cours pratiques contre des cours théoriques. Si tes parents te demandent où tu en es, pas de mensonges, tu diras que ce mois-ci est consacré à une initiation aux classiques, base indispensable à une bonne culture générale. Ça te convient?

Honnêtement, ça m'allait plus que bien! Finie la galère des notes et des mains crispées. Trop content.

—Bon! Par quoi allons-nous commencer, ou plutôt, par qui... ? Je sais, avec Liszt, *Au lac de Wallenstadt*. L'apaisement, c'est de cela que tu as besoin.

Et le voilà qui ouvre son tiroir, cherche la bonne colonne de CD, puis les compte en partant du bas, s'arrête sur l'un d'eux et s'en saisit, puis l'installe dans son lecteur de CD. Grave sophistiqué, le truc! Côté technologie, il est à la pointe, le vieux. On voit tout de suite qu'il s'y connaît en acoustique.

ALAIN

Alain extrait de son sac de sport un livre qu'il a trouvé il y a quelques jours dans un carton qui traînait au foyer. Il n'a rien demandé, il l'a pris. Il le feuillette. C'est un recueil de nouvelles, en fait. Il en choisit une au hasard *L'Équilibriste*.

LE GOUFFRE

Il avait franchi ce gouffre devant lequel tout homme se retrouve dans la vie, un jour, à une époque, où d'un coup le monde rassurant parce qu'établi et connu s'écroule... À cause de circonstances, d'accidents, de rencontres, de désirs, quelquefois de peurs, ou tout simplement parce qu'on en a assez.

Sa main s'est mise à trembler, il la regarde sans comprendre. Ou plutôt si. Ces quelques lignes suffisent à le convaincre que c'est à lui que l'auteur s'adresse et la peur le tenaille à nouveau... mais cette fois, en plein jour. Il appréhende déjà de déchiffrer les mots couchés sur les pages qu'il va tourner.

L'homme est ainsi fait que la curiosité l'emporte presque toujours...

Chacun avait sa part en ce monde, son gouffre n'avait pas été le pire, loin de là. Un gouffre parmi tant d'autres, le sien. Il l'avait franchi plutôt discrètement d'ailleurs. Il reconnaissait qu'il en était sorti mûri, plus tolérant, enrichi par l'expérience de la douleur morale, et ce, grâce et sans équivoque, à la seule force de son rêve et à de rares personnes sans le secours desquelles il aurait été incapable de se hisser jusqu'au bord. Aux côtés de ces êtres qui l'avaient secouru s'était additionnée la majorité de ceux qui s'étaient ouvertement moqués, l'attirant à toute force vers le fond. Il revoyait leur expression sarcastique. Il se rappelait leurs phrases blessantes, destructrices, mesquines à force d'être négatives. Il se souvenait de leurs conclusions ignares, nauséabondes parce que dénuées de compréhension, voire d'amour.

Il avait vu alors qu'il était dans la peine, vulnérable, dépendant et malheureux de l'être, il avait vu le côté sombre des autres, que lui aussi et sans aucun doute, abritait quelque part. Il avait vu ce qu'il ne comprenait humainement toujours pas, même si la psychanalyse l'expliquait. Il avait vu le fort piétiner le faible, ou son indifférence. Il avait vu cet acharnement. Acharnement qu'il avait toujours rejeté, combattu, avec violence. Il maudissait ce besoin de vouloir détruire la part du rêve chez celui qui osait chercher autre chose que ce qu'eux-mêmes avaient trouvé. Il détestait l'attitude des médiocres qui parce qu'ils avaient peur ou avaient renoncé s'efforçaient de lacérer la poésie de l'autre et ne l'encenseraient – à regret – que s'il avait réussi. Réussi quoi d'ailleurs ! Un plat? Une soirée? Un diplôme ? Un statut social, un compte en banque? Quand parlait-on de « se réussir soi-même » ?

En plus d'oser imaginer un système différent au leur, ces autres lui en voulaient de questionner ce qui s'était avéré « bien. Comme il faut » pour eux-mêmes, leurs amis, leur groupe. En fait, ils souhaitaient plus que tout conserver leurs croyances fragiles, intactes. Mais lui ne s'y trompait guère, il était d'ailleurs gêné de lire en eux comme dans un livre ouvert. Cet « hallali » visant à le retenir dans leur monde – au-delà de ces critiques acerbes et amères, forcément agressives – était un cri de peur, peur de s'être fourvoyés, peur de devoir se remettre en question. Oui, plus le cri était fort, plus la peur était grande.

Et jusqu'à présent rien ni personne ne l'avait fait dévier de son axe. La stagnation, l'étouffante inertie ne pouvaient résumer le quotidien de l'homme. Cela en faisait partie certes, mais ne devait pas être une fin. Selon lui, la finalité de la vie était de parcourir un chemin pour accomplir sa Légende Personnelle. C'était cette certitude qui l'avait poussé, qui était devenue son moteur. Une évidence dont il ne goûtait plus le suc aujourd'hui mais dont il ne se décidait pas à en nier l'existence – même dans sa situation, devenue aberration totale.

D'aucuns jugeraient qu'il s'agissait d'un refus de la réalité... alors qu'en fait il avait voulu justement partir à la recherche de sa destinée, découvrir sa façon d'appréhender la vie. Et finalement ? Et même ? Même s'il ne s'agissait que de cela, eh bien, c'était encore bon à prendre. Tout ! Sauf cette reddition, cette acceptation forcée, cette échine courbée, ce gris encore plus gris que le sien.

Il avait compris depuis longtemps que ce n'était pas tant les lieux ni les circonstances qui pourraient l'aider ; et les changer ne servait à rien à long terme. Pourtant, son besoin était réel, présent et sincère. Sa seule, son unique réalité : trouver qui il était censé ÊTRE.

Alors il avait décidé de partir à la recherche du fondement de sa vie. Il avait lu, réfléchi, pensé, écouté, digéré, vomi, médité, expérimenté... pour en arriver au point de départ, à savoir que la réponse était en lui... Mais quoi ! Cette conclusion avait été justement son hypothèse ! Tout cela n'avait donc abouti à rien, qu'à le torturer plus encore, d'autant qu'il était conscient de délaisser tout ce qui l'environnait à cause de cette quête devenue obsession.

Il lui arrivait d'imaginer encore... le miracle d'une rencontre – si furtive soit-elle – avec un être qui le croisant lui aurait fourni une indication, murmuré une phrase, susurré une possibilité. Il essayait de déchiffrer ses rêves, écarquillait les yeux guettant le moindre signe, un symbole, une clé dans un texte lu...

D'où venait ce silence ?

En même temps, il s'en voulait de ce parcours narcissique sachant qu'ailleurs d'autres drames autrement plus terribles existaient. Il devint, je crois, misanthrope ou du moins décida alors de laisser tout ce monde bruyant, grouillant, agité, plus occupé par l'avoir pour paraître que par l'être.

Il supposa qu'il essayait de fuir tous les miroirs de lui-même que les autres gesticulants et empressés, pantins grimaçants, lui présentaient.

Oui, s'isoler. Être seul. Seul et face à ses démons qu'il allait pouvoir décrypter, donc comprendre et combattre.

Alain referma le recueil, une boule au creux de l'estomac, ravagé par ces quelques pages qui, loin de lui permettre de s'évader, l'avaient ramené à son existence présente en passant par son récent passé. Il se dirigeait tout droit vers la folie… Oui, il était bel et bien au bord du gouffre. Il songea à jeter le bouquin dans une poubelle d'immeuble qu'il voyait sur le trottoir d'en face justement, mais il y renonça pour deux raisons : d'abord, il aimait lire et il se dit que mieux valait un livre qui lui mettait le moral à zéro que pas de livre du tout, et ensuite il avait l'impression que ce recueil lui était destiné. Il le fourra au fond de son sac et reprit l'observation des allées et venues dans la rue pour se changer les idées.

Comme les deux lundis précédents, le même jeune homme avec la même mine de malheureux pénétra dans la maison en fin d'après-midi. Alain regarda sa montre qui indiquait 17 heures. Je suis peut-être à la rue à soixante ans mais, à son âge, je m'amusais au moins. Il ne doit pas avoir vingt ans… il est pourtant mignon. Qu'est-ce qui se passe dans cette maison ou des gens entrent et sortent ? Il y a un truc bizarre… Ah, voilà la musique ! J'ai vraiment de la chance avec ma maison. Tous les jours, j'entends de la musique, uniquement de la musique classique. Cela me fait un bien fou… je me sens moins seul, j'imagine que je suis au concert. Je me demande bien qui vit ici, si quelqu'un vit ici, d'ailleurs ? Des personnes âgées ? La femme à la glacière est sans doute une fille ou une belle-fille qui s'en occupe, mais elle ne reste jamais plus d'une demi-heure. Et le jeune ? Un petit-fils ? Mais il vient à heure fixe, cela m'étonnerait qu'un petit-fils soit réglé comme du papier à musique. Ou alors, ce n'est pas le petit-fils, juste un jeune qui gagne de l'argent de poche en rendant de menus services. Du travail de secrétariat ? Pas le jardin, en tout cas, il est sérieusement négligé. Il y a aussi cette autre femme. Elle, elle vient toute la matinée, le mardi et le vendredi. Bien sûr, cela ne fait que deux semaines que je me suis installé ici. Mais ce qui m'intrigue, c'est pourquoi il n'y a jamais de lumière ? Ils ont peut-être peur de la lumière comme moi du noir. Ou il se peut qu'il s'agisse d'un handicapé, mais on verrait au moins la personne qui s'en occupe aller et venir, et allumer des lampes. Ce soir, je vais jeter un coup d'œil discret. Ce n'est pas bien méchant. De la simple curiosité qui, j'espère, repoussera l'échéance de ma crainte nocturne.

CLAUDE

Voilà que je m'assoupis. Quelle heure peut-il être ? J'appuie sur le bouton de ma montre et l'habituelle voix métallique de femme m'annonce qu'il est 22 h 17. Autant que j'aille me coucher. Je passe devant la porte d'entrée pour aller du salon à ma chambre et j'en profite pour vérifier qu'elle est bien fermée à clé. En général, je la verrouille à 19 heures, avant de dîner.

C'est à ce moment que j'ai entendu le portillon grincer. Inquiet, j'écoute si je perçois d'autres bruits suspects. Rien à part des voitures qui circulent dans la rue et des bribes de discussions de passants qui rentrent probablement chez eux. Pourtant, le portillon a bel et bien été ouvert. Cela ne peut pas être le vent. Il n'y a pas un soupçon de brise et, en plus, mon portillon ferme très bien. C'est donc forcément que quelqu'un l'a ouvert. Le SDF ? Mais j'aurais entendu des pas sur le gravier… Je décide de retourner au salon et d'ouvrir la fenêtre pour mieux capter d'éventuels sons. Le silence est total. J'attends encore, l'oreille aux aguets une bonne dizaine de minutes. Toujours rien. Bon, au lit ! Une fois allongé, le sommeil ne vient pas, comme souvent d'ailleurs. Tout d'un coup, je sursaute. Cette fois, j'ai vraiment entendu des craquements qui viennent du petit jardin de derrière. J'en suis sûr, mes oreilles ne me mentent jamais et je connais tellement les moindres bruits de la maison, sous la pluie ou par temps venteux, que je sais que ce n'est pas normal. Encore un autre craquement ! Les volets de ma chambre sont fermés, mais la fenêtre est toujours ouverte la nuit parce que j'aime dormir dans un espace frais. Je suis certain que ce sont comme des pas que l'on tente d'étouffer. Puis plus rien. Je me lève, m'avance jusqu'à la fenêtre et prête l'oreille. Le silence est retombé, il perdure et contre toute logique me laisse anxieux. Fatigué, je retourne me coucher en pensant à ce SDF. Je n'ai entendu le portillon grincer qu'une seule fois. Donc quelqu'un est rentré et ce quelqu'un doit être dans mon jardin de derrière maintenant. Que cherche-t-il ? Je me dis qu'il faut que je fasse changer la serrure du portillon puis réalise aussitôt que c'est idiot : qu'il soit fermé ou pas, à clé ou non, ça ne change rien, on peut passer par-dessus puisqu'il ne fait guère plus de un mètre de haut. Au moins, quand il grince, je suis prévenu. Du moment que ce type ne cherche pas à pénétrer dans la maison, je pense que je n'ai rien à craindre. Je prends mon portable et me remets au lit, prêt à appeler les secours. J'ai les numéros d'urgence préenregistrés. Pour le SAMU, je tape 1 et, pour la police, le 2.

ALAIN

Zut ! Ce portail de malheur qui fait un raffut de tous les diables… je me fige sur place. Peu de temps s'écoule avant que je perçoive la conversation de passants qui se dirigent par ici, or s'ils me voient immobile à l'entrée d'un jardin, ça va leur paraître plus que bizarre. J'enlève vite mes chaussures et fais un premier pas sur les graviers, doucement, puis un deuxième et plus qu'un troisième pour être caché de la rue par la haute haie. Camouflé, j'attends que les inconnus s'éloignent avant de déposer mon sac. J'ai l'impression d'être un voleur alors que je voulais seulement vérifier s'il y avait des bruits à l'intérieur de ma maison : télé, radio, conversations, douche qui coule, enfin, ce genre de choses. Cette allée de graviers n'est pas discrète, je ferais mieux de marcher dans l'herbe si je ne veux pas faire de bruit. En fait d'herbe, c'est presque du foin avec quelques massifs épars. Je m'approche silencieusement de la maison. Les brindilles me piquent les pieds à travers les chaussettes. J'ai laissé mes chaussures avec mon sac pour être silencieux mais je regrette maintenant. Arrivé devant la façade, à droite du perron, je me place sous une des fenêtres pour écouter s'il y a de la vie à l'intérieur… Rien de rien. Ils sont sûrement couchés ou alors personne n'habite ici et c'est un bureau quelconque… Je décide de suivre l'allée en ciment vers la droite qui, à ma grande surprise, tourne en angle en longeant le côté de la maison pour mener à l'arrière de cette dernière où je découvre un autre jardin bordé par un haut mur derrière lequel il y a la rue. Sur les côtés s'adossent deux immeubles. Je fouille du regard et distingue dans l'angle opposé ce qui ressemble à un petit kiosque… C'est ridicule mais ça me ferait carrément plaisir que ma maison ait une sorte de coin secret. Je m'approche, aimanté… Mince ! Je viens encore de faire craquer une autre branche. Pourvu qu'ils n'allument pas, j'aurais l'air de quoi ? Ça a fait un sacré bruit. J'ai l'impression que tout le quartier l'a entendu. Je reste immobile tout en retenant bêtement ma respiration et j'ai presque envie d'éclater de rire, mais d'un rire nerveux, parce que ça me fait penser au jeu de « Un, deux, trois, soleil ! ». Qu'est-ce que je dirais si on me trouvait là ? Ils m'enverraient sûrement en prison et franchement je n'ai pas envie d'être enfermé. J'attends une éternité sans bouger, puis je me décide à continuer jusqu'à la rotonde entourée de croisillons le long desquels a grimpé une plante plutôt mal en point. Les lumières provenant de la rue derrière jettent un éclairage qui me permet de remarquer une quantité impressionnante de feuilles mortes, partout… J'avance le plus délicatement possible sur ce tapis qui crisse à chacun de mes pas. Ça me prend un temps fou pour parcourir la vingtaine de mètres qui me sépare du kiosque à l'intérieur duquel il y a une table ronde en pierre avec un banc en arc de cercle. Je passe machinalement la main sur l'une des extrémités du banc pour enlever les feuilles mortes puis je m'assois et souris pour la première fois depuis longtemps. Je me sens bien ici, à l'abri. Ils ne doivent pas venir souvent de ce côté-ci vu l'état d'abandon. Ça me donne une idée ! J'enlève avec précaution le monticule de feuilles séchées qui se sont accumulées sur la table et m'y allonge. C'est dur, mais ça m'est égal, car ce soir, j'ai un toit. Je ferme sereinement les yeux et m'endors sans même m'en rendre compte.

C'est un cri qui m'a réveillé en sursaut. C'était le cri d'une femme… Il venait de la droite, j'en suis certain. Un réflexe me propulse hors de la rotonde. Une lumière est apparue à travers la porte-fenêtre au premier étage de l'immeuble d'à côté. On dirait une chambre. Je distingue deux silhouettes en ombre chinoise quand, sidéré, je réalise qu'un homme est en train de battre une femme. Brutalement. Je regarde pétrifié, hypnotisé. Elle tombe, je suppose, car maintenant je ne la vois plus. Lui, abaisse son bras avec force dans un aller-retour qui semble ne pas finir. Il tient quelque chose… Une ceinture ? Je n'ai pas le temps d'en voir plus, il baisse le volet. Je ne peux rien faire. Je n'ai même pas de portable pour appeler la police. Je suis en état de choc. Cette vision m'obsède à la manière d'une scène de film muet.

CAROLE

Il est presque 22 heures et Fabrice n'est pas encore rentré. Ça signifie qu'il est allé boire. Faites qu'il ne soit pas trop soûl... Je vous en supplie, mon Dieu ! Je lui ai préparé son dîner et ai laissé son couvert sur la table avec la lampe de la salle à manger allumée. Habituellement, il rentre vers 19 heures mais quand il tarde, c'est mauvais signe et plus la nuit avance, plus j'ai peur, car plus il sera violent... J'entends la porte d'entrée qui se referme bruyamment et je sais déjà qu'il est ivre mort... alors je sens ce nœud monstrueux grossir dans mon estomac.

—J'ai faim !

Il me semble que tout l'immeuble a dû l'entendre tellement il crie fort.

—Magne-toi que je veux aller dormir ! Demain je me lève et je travaille. Pas comme toi qui feignasses derrière un bureau, le cul posé sur une chaise toute la journée !

—J'arrive ! Tout est prêt, je n'ai plus qu'à faire chauffer... tu peux t'asseoir, dis-je en bondissant hors du lit.

Profitant du fait qu'il soit dans la salle de bains, je cours sur la pointe des pieds vers la cuisine et m'empare en vitesse du plat de hachis parmentier pour le mettre dans le micro-ondes. J'entends qu'il s'assoit à table parce qu'il a tiré bruyamment la chaise. Les voisins du dessous vont encore se plaindre en me disant que « c'est inadmissible de bouger des meubles après 21 heures... et qu'on pourrait être attentifs aux autres » et, moi, je bredouillerai des excuses en inventant qu'on n'a pas fait exprès... À lui, ils n'oseront rien dire, ils en ont peur. J'accours avec le plat chaud et je le dépose sur le dessous-de-plat.

—C'est quoi ça ?

—Du hachis parmentier, mon chéri.

—Je t'ai dit que j'avais faim ! hurle-t-il en repoussant le gratin violemment.

—Mais, c'est de la viande... c'est toi qui parlais de hachis parmentier hier, tu as même dit que ça faisait longtemps que tu...

Je n'ai pas le temps de finir ma phrase, j'ai la tête qui part d'un côté et je sens comme une brûlure sur le visage.

—Tu me contredis pas, t'as compris ! Je suis pas un gosse à qui on peut donner de la viande moulinée, t'as pigé ?

Je me lève aussitôt et lui dis pour le calmer :

—Je vais te faire un bon steak, j'en ai même pas pour cinq minutes… le temps que tu manges ton entrée.

Puis je détale vers la cuisine, ouvre le frigo, prends la viande, sors le grill et allume le gaz.

Vite ! Vite, dépêche-toi de chauffer…

Dès que la plaque fume, je jette le steak. Je dois faire attention, il faut qu'il soit cuit précisément comme il aime : bleu chaud et avec les marques du grill en croisillon comme dans les restaurants. J'assiste à son repas, silencieuse. À peine engloutie sa dernière bouchée de dessert, il se lève et va dans la chambre. Je commence à débarrasser mais je l'entends qui braille :

—Amène-toi !

Non, mon Dieu, pas ça… je sais déjà ce qui va se passer. Il a baissé son pantalon et s'est laissé tomber en arrière sur le lit. Je me mets à genoux et je commence à le caresser d'abord puis je prends son sexe dans la bouche. J'ai la nausée, mais il ne doit pas s'en rendre compte, alors je redouble d'efforts. Il émet des râlements. Je m'efforce, je m'efforce, mais il est tellement soûl que son sexe reste désespérément mou… alors au bout d'un moment, il m'envoie valdinguer d'un coup de pied. Je me relève vite.

—Laisse-moi réessayer, s'il te plaît, Fabrice…

—T'es bonne à rien décidément ! Ni pour la bouffe ni pour la baise. Je vais t'apprendre à t'occuper mal de ton homme !

Il se relève tandis que son pantalon s'affaisse en accordéon sur ses chaussures. Il a l'air si grotesque comme ça et pourtant je ne songe pas à rire, car malgré son apparence de clown, c'est un violent sans pitié qui se dresse devant moi. Il prend son temps pour enlever ses vêtements, faisant croître ma peur à dessein, savourant à l'avance ce qu'il va faire et qui va le défouler. Il jouit de son strip-tease pervers. J'en suis presque à souhaiter qu'il passe à l'acte tellement l'attente me laboure le ventre. Je sens comme des griffes qui remontent jusqu'à ma gorge pour l'enserrer dans leur étau... Enfin débarrassé de ses habits, il retire la ceinture de son pantalon... C'est toujours à ce moment-là que je ferme les yeux, juste avant le premier coup. Puis il frappe encore et encore en proférant d'une voix sourde et rauque des insultes obscènes. Je me retiens de hurler, sinon ce serait pire parce qu'il dira que je le fais exprès pour alerter les voisins... J'ai reculé contre la porte-fenêtre, mes mains croisées devant le visage quand sa ceinture vient s'abattre en plein sur le mamelon de mon sein gauche. La douleur m'arrache un cri. Alors il tape plus fort... Dans un réflexe, je me laisse tomber à terre et me recroqueville en fœtus, les bras autour de ma tête et j'attends qu'il arrête... Je sais que c'est fini quand il baisse le volet puis se couche comme si de rien n'était. Je patiente jusqu'à ce qu'il se soit endormi avant de bouger. Endolorie, brisée dans ma chair et mon être, je réagis tel un automate : je dois ranger la cuisine, car il ne veut rien voir traîner le matin et c'est d'imaginer cette possible violence matinale qui me donne la force de me relever malgré la souffrance. Je ne fais aucun bruit – je suis devenue experte à me mouvoir en silence –, je me mords les lèvres pour étouffer des gémissements que la douleur m'arrache et sors de la chambre à tâtons. Une fois la cuisine en ordre, je m'allonge sur le divan du salon. Je me soignerai demain sinon je risque de le réveiller. Ça fait longtemps que je ne pleure plus. Je hais le soir qui tombe et mon attente lâche qui l'accompagne, je hais ma frayeur et la nuit qui m'enveloppent durant mon calvaire, je hais cet homme et je me hais de subir ça sans réagir. Et demain ? Demain, je ferai encore comme tous les jours. Je ferai semblant que tout va bien quand j'arriverai à mon travail. Il ne me touche jamais le visage, comme ça, personne ne peut savoir et si quelqu'un savait, c'est que je l'aurais dit ou me serais déshabillée, m'a-t-il expliqué un jour et il a ajouté menaçant :

— Et vaut mieux pour toi que ça n'arrive jamais !

Alors je me tais, ça fait des années que je me tais. Si seulement, je pouvais mourir, lui échapper en mourant pour disparaître dans l'obscurité du néant.

ALAIN

C'est la benne à ordures qui me réveille. Il fait encore nuit mais il est temps que je parte. Je descends de la table avec précaution, sors de la rotonde et jette un coup d'œil vers la fenêtre du premier de l'immeuble voisin. Le volet est toujours baissé. Je pense à cette femme... tout en faisant le chemin inverse jusqu'à la façade. De là, plus de problème, je peux marcher normalement sur la bordure en ciment qui me ramène devant la maison, côté rue. Puis je coupe par le jardin, récupère mes chaussures et mon sac. Je ne referme pas le portillon en partant pour le cas où il grincerait à nouveau.

J'ai décidé de découvrir qui est ce salopard du premier étage. Je l'ai bien vu. Grand, costaud, blond, cheveux coupés court en brosse. Elle ? Je n'ai fait que l'apercevoir. Elle a vite été par terre, mais je me souviens qu'elle était assez petite par rapport à lui, avec des cheveux bruns, mi-longs et bouclés. Le jour s'est levé, la vie reprend. De mon banc, j'ai une vue parfaite sur la porte d'entrée de l'immeuble. Je surveille. À force de fixer cette porte, j'en ai mal aux yeux mais je ne veux pas le louper. Je veux savoir à quoi ressemble une ordure le matin. J'attends. De temps en temps, je regarde ma montre. 6 heures. 6 h 45. 7 heures. 7 h 12 ! La porte s'ouvre sur une adolescente. Elle doit aller au lycée... Puis s'ensuit un défilé de personnes qui sortent entamer leur journée... Un homme, la cinquantaine. Deux types en costume, un brun, un petit gros. Heureusement que ce n'est qu'un immeuble de trois étages ! Encore des collégiens. Un couple de Noirs. Puis plus rien pendant une bonne demi-heure. La porte s'ouvre à nouveau sur un jeune, la vingtaine. Une vieille dame. Il est 8 h 20. S'il travaille, il ne devrait pas tarder. La porte s'ouvre encore et je me lève d'un bond. C'est lui ! C'est bien lui, dans un costume sombre, légèrement étroit pour sa carrure. Un attaché-case dans une main. Il marche, sûr de lui, le long du trottoir. Il actionne un bip à distance et les feux d'une voiture grise clignotent. Puis il démarre et passe devant moi dans une Renault Laguna. Il tourne la tête vers la place, nos regards se croisent. Je retourne sur mon banc. Je me demande si la femme travaille… Un quart d'heure plus tard, elle sort de l'immeuble. Je sais que c'est elle. Même si je n'avais pas vu sa chevelure brune et bouclée, je saurais que c'est elle, car elle exhale par tous ses pores la soumission, la tristesse et la peur… dans son attitude, sa démarche. Elle a l'allure de quelqu'un qui a renoncé et qui subit. Elle passe devant ma maison et marche à petits pas, rapides. De temps à autre, elle jette des regards de côté… Je vais la suivre ! J'attrape mon sac et traverse la rue. Il ne faut pas que je l'approche de trop près, car, avec ma dégaine, je risque de lui faire peur. Il n'y a pas grand monde à cette heure-ci.

Mais où va-t-elle ? Cela fait vingt minutes que l'on marche. La ville n'est pas si grande. Soudain, je la vois qui pousse une porte et entre. J'arrive à hauteur de l'entrée où elle a disparu. Il y a une plaque :

EXPERTS-COMPTABLES – JAMOIX PÈRE ET FILS
PREMIER ÉTAGE.

CLAUDE

J'ai passé, une bonne partie de la nuit, assis dans mon lit à guetter des bruits suspects. Je n'ai plus entendu le portillon grincer. Peut-être ne s'agissait-il que de jeunes qui voulaient s'amuser… Il faut que j'en aie le cœur net. Je me lève, fais ma toilette et m'habille. Je déverrouille la porte d'entrée et sors avec ma canne pour vérifier la position de ce portillon. Je balance ma canne de gauche à droite tout en remontant l'allée de graviers jusqu'à ce que je l'entende cogner contre le fer forgé. J'avance la main gauche et sens le fer froid du petit portail... ouvert. Or Corentin l'a refermé en partant, j'en suis certain. Au lieu de rentrer, je décide d'aller faire un tour dans le jardin de derrière. Mon Dieu! Combien de temps s'est écoulé depuis la dernière fois que j'y ai mis les pieds? Presque un an.

C'était l'été dernier, mes neveux étaient venus avec leurs femmes et les enfants. J'avais demandé à Angéla de nous organiser un déjeuner. Elle avait dressé la table sous la tonnelle, sorti le barbecue. Je l'avais même chargée d'acheter un jeu de badminton pour les jeunes. En fait, je ne les ai pas revus depuis. Ils sont tellement occupés, il faut dire, et pour venir ici ça leur prend la journée... Je comprends qu'une journée, c'est précieux si on n'a que deux jours avec sa famille, pour se reposer ou faire ce qu'on a à faire. Je ne leur en veux pas. Ils sont gentils, ils me téléphonent, mais leur vie les absorbe et les semaines passent. C'est ainsi. Je vais organiser une réunion cet été, comme ça, ils auront le temps de programmer.

Je suis arrivé à la tonnelle, que de feuilles mortes par terre! J'avance la main sur la table. C'est curieux, il n'y a aucune feuille dessus alors que le banc est recouvert de feuilles... Ah, mais pas de ce côté... ça doit être le SDF, c'est forcément lui que j'ai entendu hier soir. A-t-il l'intention de passer ses soirées ou ses nuits chez moi ? Il faut que je sache à quoi m'en tenir.

ALAIN

Je décide de retourner au « Foyer d'accueil des sans-abri » comme ils appellent cet endroit que je hais. Il y a trop de misère et d'odeurs de misère... je ne me sens pas encore faire partie du troupeau. Trop récent dans le métier! Les employés sont tous bénévoles, gentils vraiment, mais je ne supporte pas leur sollicitude empreinte de pitié. En plus, il y a toujours un entretien à avoir ou une fiche à remplir et j'ai horreur de cette fichue paperasse qui vous dissèque sans pudeur puis vous étiquette. J'y vais de temps en temps seulement, histoire d'avoir un repas, rarement cela dit, surtout pour me laver. Je crois que le pire dans ma situation, c'est le manque d'hygiène. J'arrive à supporter la faim, mais la crasse, l'odeur, ça interdit tout contact et transforme vite un homme en paria. Aujourd'hui, j'aimerais savoir s'ils m'ont enfin trouvé une chambre quelconque où au moins je pourrais poser mon sac et m'allonger sur un matelas et fermer la porte sur le monde. Ne pas toujours être un spectacle de rue. Heureusement, c'est l'été, alors je préfère encore dormir dans un parc plutôt que dans ce dortoir nauséabond et bruyant. Dehors, je m'installe sur un banc le plus souvent parce que, sur l'herbe, on a de mauvaises surprises au réveil. On est trempé avec la rosée sans parler des piqûres d'insectes. À peine franchie l'entrée du foyer, j'entends la voix d'une femme qui me salue. Elle est toujours souriante, ça doit la fatiguer à la fin de la journée d'avoir ses muscles de la mâchoire sans cesse contractés. Je me demande si elle sourit toujours une fois rentrée chez elle ? J'ai oublié son prénom. Monique ? Ou est-ce Dominique ? Un prénom qui finit en « ique » en tout cas. Je lui serre la main qu'elle me tend, contraint. Est-ce la honte d'être traité en « ami » juste parce que je suis un « pauvre » ? Je ne sais pas, mais il y a cette barrière entre nous. Entre moi et tous les autres. Les gens qui ont une vie normale, justement parce qu'ils ont une vie normale et ceux que je croise au foyer parce qu'ils sont en dehors du système et ça n'est pas une raison suffisante pour que je leur sourie ni qu'on devienne copains.

—Vous passiez nous dire bonjour ?

Quelle question idiote ! Je sais, elle fait de son mieux, mais c'est justement « ça » qui est blessant. Avant, je l'aurais croisée à la poste, elle ne m'aurait même pas adressé la parole mais parce que je suis ici, elle se sent obligée d'être amicale. La vie est ironique. Enfin, je ne lui en veux pas, elle fait du bon travail, surtout avec les femmes. Parce que les « femmes miséreuses » ont besoin de chaleur humaine, plus que nous et, elles, elles l'acceptent avec gratitude. Les hommes ? On n'en veut pas de cette gentillesse circonstancielle. Elle nous rabaisse.

—Je voulais savoir si on m'avait trouvé une chambre.

Je m'en veux aussitôt d'avoir été direct et impoli. C'est curieux comme les bénévoles acceptent la grossièreté des sans-abri sans broncher alors que je suis certain que, dans leur quotidien, elles n'apprécieraient pas ce genre d'attitude de la part d'un voisin, par exemple. C'est cela aussi qui dérange, car on sait que c'est parce qu'on est des laissés-pour-compte qu'on nous passe tout ; pourtant, notre agressivité est un moyen de les faire réagir, car on voudrait être traités comme tout le monde et ne pas se faire rappeler toutes les cinq minutes notre condition de marginal.

—Venez avec moi, on va voir ça.

Je la suis dans ce couloir à la peinture bleu délavé ou des posters ridicules sont punaisés les uns à côté des autres, à la façon d'un chemin de croix : sur un fond d'arc-en-ciel, un jeune couple sourit béatement ; plus loin, une famille pique-nique au pied d'un arbre et, bien évidemment, ils sourient tous, eux aussi ; il y a cette autre affiche d'un homme avec un casque de chantier sur la tête qui sourit – encore et bien sûr –, et cette phrase nulle censée nous donner de l'espoir alors qu'elle nous enfonce plus « J'ai retrouvé ma dignité », sous-entendu « Parce que j'ai un travail ».

J'en déduis donc que de ne pas avoir d'argent ou de travail enlève toute dignité dans notre société, excepté si vous avez beaucoup d'argent sans besoin de travailler ou si vous êtes un moine. Je pourrais envisager de me présenter dans un monastère, qui sait ? Le hic, c'est que je ne crois pas en Dieu ! Dommage. Cela dit, je suis un homme même si je suis devenu pauvre et j'ai sûrement plus de dignité que ce primate qui frappe sa femme avec une ceinture ou le père de famille qui va aux putes en sortant du boulot et avant de rentrer chez lui. C'est quoi la dignité? J'ai l'impression que c'est souvent « Avoir l'air » même si on se comporte comme une ordure... c'est forcément ça... pourvu que ça ne se sache pas. C'est vrai que c'est depuis que je suis passé de « l'autre côté » que je vois tout ça. Avant, j'étais comme eux tous. Je faisais comme eux quand j'apercevais un clochard – parce qu'à mon époque, avant que je ne quitte la France, on disait encore « clochard ». Maintenant, on dit SDF, sans domicile fixe... c'est pire ces nouvelles appellations et pourquoi? Pour ne vexer personne ? Mais la situation est la même et, moi, je trouve que clodo, c'était plus sympathique que ce sigle qui vous stigmatise avec froideur et précision. C'est comme « technicien de surface »! Mais où sont-ils allés chercher ça? Ce n'est pas de se faire appeler différemment qui change ce qu'on fait. C'est le regard que les autres portent sur votre travail qui vous renvoie l'image que la société a de vous, pas l'appellation.

Quand je pense qu'il y a à peine dix jours, j'ai postulé pour un travail de technicien de surface justement. Vous savez ce qu'ils ont osé me demander en dehors de mon CV? Une lettre de motivation! Qui connaît une seule personne qui fait le ménage parce que c'est sa passion ou par carriérisme? La seule motivation quand on postule pour un job comme ça, c'est le besoin de gagner de l'argent, c'est tout. Comment peuvent-ils insulter les gens à ce point? Imaginez que je réponde : « J'ai toujours rêvé d'astiquer, de faire briller les meubles... de voir des parquets reluisants, de respirer la fragrance de la lavande dans les toilettes des autres et rien n'équivaut pour moi en esthétique aux mouvements rythmés de la serpillière dans son aller-retour. » Tout ça, parce qu'un énarque dans un coin, bien intentionné mais dans un coin protégé quand même, aura décidé de valoriser « ces » personnes en leur faisant faire comme tout le monde, un CV et une lettre de motivation... Comme le disait Pascal, « la seule chose qui me donne une idée de l'Infini, c'est la bêtise humaine ». J'ai donc postulé à ce boulot de technicien de surface et évidemment avec mon master en management d'entreprises et mon CV de propriétaire et gérant de restaurant en Asie, ma lettre qui expliquait que j'avais juste besoin de travailler ne transpirait pas la motivation, d'accord, mais elle sentait l'honnêteté au moins. Je n'ai pas été accepté parce que, m'ont-ils répondu, je manquais d'expérience ! Alors ? Eh bien, la prochaine fois, je mentirai, car la vérité dessert. C'est dans la logique du système : dire ce que l'autre veut entendre. Je donnerai donc un CV de technicien de surface que j'irai copier sur Internet et même chose pour la lettre de motivation. Peut-être qu'alors, ils me diront que je suis trop âgé pour ce travail puisque j'ai soixante ans ?

La voix de Monique – j'opte pour Monique. Elle a une tête à s'appeler Monique – me ramène à mes affaires :

—Je suis désolé, Alain, ils me disent que ce ne sera pas avant septembre… à cause des vacances, la priorité est donnée aux femmes seules avec des enfants.

—Je comprends. Merci quand même.

C'est amusant comme on rajoute systématiquement « quand même » lorsqu'on n'a rien obtenu. Fatigué de tout, je me lève et me dirige vers les douches avec mon sac. J'en sors un flacon de gel douche et de shampooing. Je profite d'être seul pour vérifier combien il me reste d'argent sur la somme que mon ex m'a laissé emporter, histoire d'avoir la conscience tranquille, je suppose. J'ai réussi à ramener en France, 2 000 euros. Je calcule en gros, il me reste 1 283 euros et quelques centimes. Je compte dix euros par jour pour manger ; je n'arrive toujours pas à prendre les repas offerts le soir au foyer, j'ai trop honte. Je préfère encore jeûner plutôt que de partager cette pitance avec d'autres comme moi pendant que je suis obligé d'entendre leurs conversations qui me dépriment encore plus. Le reste de mes dépenses, c'est pour des affaires de toilette, la laverie. Quelquefois je vais au cybercafé, car j'ai besoin – encore – de lire, de savoir ce qui se passe dans le monde. Ce n'est pas beaucoup, mais c'est ce peu qui me donne la certitude de ne pas avoir atteint le point de non-retour. Histoire de rester un homme à mes propres yeux, d'avoir l'illusion que j'appartiens encore à l'espèce civilisée... même si je n'ai pas une grande considération pour l'espèce à laquelle j'appartiens.

Zut ! Trop tard, je me fais alpaguer par l'un des habitués du foyer. Jacquot, la soixantaine passée, à la retraite, bénévole, pas méchant mais insupportable. Je vais devoir me taper une de ses litanies sur le monde qui tourne mal, c'est son passe-temps favori. Comme d'habitude et quelle que soit la personne à qui il s'adresse, il rentre à fond dans le vif du sujet. Je me jette sous la douche pour tenter de le dissuader de me choisir pour auditoire. Peine perdue. Il s'assoit en face de ma douche sans porte et s'adresse à moi en haussant le ton afin que sa voix couvre le bruit de l'eau :

—Je viens de lire un article sur le revenu minimum dans les pays européens. J'en reviens pas. Combien tu crois que c'est au Royaume-Uni ?

Je ne réponds pas et je m'en fiche royalement.

—230 livres par mois pour un jeune, moins de 300 euros. Qu'est-ce que tu veux foutre avec ça ? Comment tu peux vivre et rester présentable pour retrouver un boulot ? Ah, je t'en bouche un coin ! Et au Danemark, devine ! c'est 1 200 euros qu'ils ont. Là, franchement, c'est amoral pour ceux qui travaillent.

Je l'entends qui rigole. Il est fier de lui, Jacquot, parce qu'il lit le journal. Bon, c'est un bon point pour lui, mais qu'il le lise et qu'il se garde ses infos ! Il ne va pas m'énumérer le montant du RSA dans chaque pays d'Europe, j'espère.

—Quant aux pays en voie de développement? Rien. Pas de Sécu, encore moins d'assurance, ni de chômage, ni de retraite... Pour ça, on a de la chance. OK, la belle vie, elle est finie avec cette crise, c'est toujours pareil dans ces cas-là, les gens s'en prennent aux minorités. Mais comment jeter la pierre à ceux qui triment et arrivent à peine à boucler le mois? J'étais comme ça avant. Quand je croisais un type dans la rue qui faisait la manche, je me disais qu'il n'avait qu'à se bouger pour travailler et que mes charges aillent nourrir des types qui ne fichaient rien, c'était scandaleux... Maintenant, je comprends l'engrenage une fois qu'on bascule parce que ça m'est arrivé : deux crédits, licenciement, j'ai pas pu retrouver du boulot à cause de l'âge, divorce. Ben là, mon pote, tu vois plus les choses de la même façon. C'est sûr, y'a des profiteurs. Faut pas tomber dans l'amalgame... mais, bon Dieu! Prends notre système de santé. Un des meilleurs au monde mais ça va pas durer avec le trou de la Sécu qui s'agrandit plus vite que celui de l'ozone. Forcément ! Parce que dis-moi pourquoi aller voir un généraliste pour ensuite aller voir un spécialiste? Si c'est pas une connerie, ça encore. Quand j'ai mal à l'oreille, je vais pas me tromper en allant voir un cardiologue! Non, le système français, à la base, il est bien, l'ennui, c'est les magouilleurs... T'imagines un peu un système à l'américaine? Là-bas, si t'as pas de carte bancaire, tu franchis pas les portes de l'hôpital. Le pays le plus démocratique qu'il paraît.

Je ne l'écoute plus, je ne l'entends plus et je suis face au mur, je lui montre mon cul. L'eau de la douche coule sur moi, l'eau m'isole de toute pensée, je me lave, de tout. Pourquoi faut-il qu'il me prenne la tête avec ses réflexions sans intérêt ? Ça va changer quoi tout ce qu'il me raconte?

— ... Faut que j'te laisse. J'ai à faire, a-t-il enfin conclu.

J'espère que mon mutisme l'a vexé, comme ça, il ne me refera plus le coup de ses analyses socio-économico-politiques à deux balles. Je reste encore un moment sous la douche pour me rincer des miasmes du marasme planétaire. J'ai besoin de respirer, d'être seul. Je ne veux plus entendre ce genre de critiques usées et archi-usées qui en plus vous collent de mauvaises ondes pour le reste de la journée.

Je décide de me raser. J'avais laissé pousser ma barbe, c'était toujours ça d'économisé et aussi une manière de me dissimuler… mais si je compte attendre la femme battue à la sortie de son travail, je lui ferai moins peur… Encore les apparences ! Mais, je ne lui en veux pas à elle.

CORENTIN

Ça a pas loupé ! À peine rentré de ma leçon de piano hier, ma mère qui me demande :

—Alors ? Tu fais des progrès ? Tu en es où de cette sonate de Chopin ?

—C'est bon là… j'ai pas envie de parler.

Et j'ai filé dans ma chambre, fermé la porte à clé et me suis jeté sur mon lit. J'adore mon lit. Le casque sur les oreilles, je m'évade en écoutant de la musique à *donf*. J'ai pas fait mes devoirs, j'ai appris aucune leçon. Je suis resté allongé jusqu'à l'heure du dîner. Je cherche un plan. J'ai déjà pensé à ne plus travailler et faire exprès d'avoir des mauvaises notes, mais je me suis dit qu'à long terme c'était un mauvais calcul. Si je redouble, je reste plus longtemps chez mes parents et j'en ai grave pas envie. Je vais juste travailler moins bien pour me refaire des copains parce que quand on travaille trop bien, on est d'office un nase. Et puis y'a autre chose qui me file grave le moral à zéro. C'est que je sais pas ce que je veux faire plus tard… j'en sais rien. J'ai dix-huit ans bientôt et j'en sais rien… Les autres de ma classe, ils savent presque tous ou, en tout cas, leurs parents savent pour eux parce que j'ai du mal à croire, qu'à mon âge, on ait envie d'être notaire ou dentiste… Ils veulent tous être médecins, avocats, architectes, ingénieurs… ce genre de métiers que ma mère rêve pour moi. Seulement, j'ai pas envie de faire un truc qui me plaît pas.

Je sais juste que j'ai besoin d'air. Et si je me trouvais un job, quelque part à l'étranger, avec le prétexte de parfaire mon anglais ? Ça rassurerait ma mère. J'ai des économies sur mon plan épargne, accumulées depuis que je suis né ; chaque anniversaire et Noël, fin de trimestre, examens, mes grands-parents alimentent mon compte. Chaque année scolaire réussie aussi ! Je suis payé à passer dans la classe supérieure et à avoir de bonnes notes. J'ai de la chance, remarquez, y'en a qui n'ont même pas les encouragements de leurs parents. Non, je suis pas ingrat, je veux seulement respirer sans des parents qui me disent quoi faire et où aller. Du coup, je suis soulagé, car maintenant je sais au moins ce que je veux pas. Je veux plus être ici. Donc ? Je vais partir, loin. À cette idée, je sors de mon lit et attrape mon ordinateur pour surfer sur Internet à la recherche d'une destination.

—À table !

Avant, j'aurais attendu que ma mère crie trois fois au moins avant de me pointer, mais là je jubile tellement d'avoir enfin un but, que je me lève et déboule dans la salle à manger sous le regard étonné de ma mère. À ce moment, je regrette. J'aurais dû être plus lent... elle a déjà remarqué que je suis content.

—Eh bien ! C'est remarquable... Depuis quand tu arrives dès que je t'appelle ?

—J'ai hyper faim, je bougonne pas hyper convaincant.

—Hum... je vois bien qu'il y a quelque chose d'autre, tu as l'air heureux...

—Mais laisse-le, interfère mon père énervé... Tu n'as jamais été amoureuse ? ajoute-t-il bêtement.

—Raconte ! me presse ma mère qui aimerait bien devenir complice.

Comme si j'avais attrapé un ours à la foire... c'est ça ! Ils ont cette même expression idiote, niaise et attendrie à cause de « leur rejeton qui passe par les phases de la vie... » ; ils sont presque émus. C'est malheureux, mais j'ai envie de les gifler ! Pourquoi mes parents s'abêtissent-ils autant quand ils s'adressent à moi ? Je sais qu'ils m'aiment, mais ils le font si mal... À cause de leur mièvrerie, ils gâchent tout. Je n'arrive pas à avoir une relation simple, d'homme à homme avec mon père. Il est persuadé qu'il devrait encore être mon héros alors qu'il ne m'apprend plus rien depuis l'âge de sept ans et qu'il ne m'a pas enseigné ce que j'aurais aimé qu'il fasse... me montrer comment me raser, aller au foot avec lui, prendre ma première bière avec lui... Ma mère ? Elle me couve de son regard, me prépare mes « petits plats préférés » et organise tout pour moi... elle ne me traitera jamais en adulte. C'est ce genre de mère. Elle ne me laissera pas vivre mes expériences, elle voudra se mêler de tout et, quand j'aurai une femme, elle lui conseillera d'acheter ci ou ça, parce qu'elle, elle sait ce que j'aime mieux que moi-même. C'est le genre d'amour qui étouffe. Je ne peux pas la changer, je peux juste mettre une distance entre elle et moi et ma future vie. Cette optique me rend conciliant du coup. Cette soudaine perspective me fait marrer, en même temps, je vois bien que ma mère, derrière son sourire un peu trop crispé, est inquiète. Inquiète de ne pas savoir le pourquoi de ma joie, de ne pas en être l'origine, peur qu'une autre désormais soit plus importante qu'elle... peur de ne plus contrôler son petit génie et, moi, je jubile... je vais jouer le joker de l'amoureux sorti par mon père et remplir le rôle qu'il m'a trouvé ! Comme ça, ils n'auront aucune piste de mon plan futur. Mais je dois faire gaffe, faut pas que je leur parle d'une *meuf* justement, faut que je veuille pas en parler pour qu'ils y croient.

— C'est bon là ! C'est mes affaires, je réponds agressif.

Je surprends le regard de reproche que mon père lance à ma mère par-dessus ses lunettes tandis qu'il pose le journal et se lève pour venir s'asseoir à table. Ce regard dit qu'il lui en veut. D'ailleurs, il ne peut pas se retenir :

—T'as gagné ! Avec tes réflexions idiotes et ton indiscrétion de mère poule... t'as réussi à le faire rentrer dans sa coquille.

En voulant me défendre, il est maladroit, lui aussi. Par contre, il a remarqué que j'avais perdu cette gaieté que j'avais en arrivant. Il est triste de ne pas savoir créer le contact avec moi mais, au moins, il respecte mon côté secret. Le silence nous enveloppe instantanément tous les trois comme des étrangers autour d'une même table. Mais ma mère se charge vite d'ignorer l'ambiance pesante qui s'est installée en faisant la conversation à elle toute seule : questions, réponses, interjections et commentaires. Mon père répond par monosyllabes, moi, je me tais. Je m'en veux. Ils font tout pour que je sois heureux mais ils s'y prennent comme des manches... ils sont grave lourds... ils s'imaginent qu'ils savent mieux. Tout ce temps perdu, gâché. Ce fossé qui se creuse. D'accord, ils savent mieux ce que c'est que d'entretenir une voiture ou les coûts d'une maison et quel investissement est le meilleur en ce moment, mais ils peuvent pas savoir mieux que moi ce que je ressens, ce à quoi je rêve... vu que je le sais pas moi-même. Non, ils peuvent pas savoir mieux que moi, et surtout ils n'ont pas à choisir pour moi. Ils peuvent tout au plus me parler de leurs vies à eux. Et c'est parce qu'elle n'est pas celle qu'ils ont rêvée qu'ils me mettent autant la pression... Je sais tout ça au moins... faut bien que mon QI me serve à quelque chose, à défaut d'avoir une vie normale avec des potes normaux. Et subitement, je sais pas pourquoi, mais je décide d'être celui qui pose les questions.

—Tu rêvais de faire quoi, papa, quand t'étais jeune ?

Mon père me dévisage, d'abord surpris, et que je lui pose une question, et par ma question. Une ombre voile alors son regard et il répond en baissant vite les yeux vers son assiette, mal à l'aise :

—Tu sais, Corentin, on ne rêvait pas à notre époque. On embrassait une carrière, on fondait une famille et on était responsable. On laissait les rêves aux poètes et, poète, ce n'était pas un métier. Ça ne l'est toujours pas, d'ailleurs.

Je sais pas si c'est du regret ou une simple affirmation. Je me demande s'il a jamais eu des rêves, ou s'il a toujours été ce bourgeois conformiste et gris. Il est rasoir, en fait. Ça doit pas être drôle tous les jours pour ma mère.

CAROLE

17 heures. C'est l'heure à laquelle je finis mon travail. Après avoir rangé mon bureau, je prends mon sac et mon gilet et quitte le cabinet. Je me suis arrangée avec mon patron au niveau des horaires. Je fais juste une pause de quinze minutes à midi, le temps d'avaler mon repas, ce qui me permet de partir plus tôt. J'ai expliqué à M. Jamoix que je mettais vingt bonnes minutes pour rentrer chez moi et que je devais m'occuper de ma mère qui est seule. C'est faux, ça fait des années que ma mère est morte, mais comme je n'ai pas d'enfant, c'est la seule raison valable que j'ai trouvée pour sortir avant 18 heures. Cela dit, je fais mon travail tout pareil. Ça m'ennuie de mentir à mon patron, mais c'est pour arranger Fabrice que j'ai été obligée d'inventer un prétexte. Il exige toujours du frais fait maison et vu qu'il me donne seulement le matin de quoi faire les courses pour le soir même, il a bien fallu que je m'organise pour avoir le temps sur le chemin du retour d'acheter ce qu'il faut pour le dîner.

C'est vrai qu'il m'aide tout de même pour le gros ravitaillement, l'épicerie et les produits ménagers. Une fois par mois, il me laisse à l'entrée du magasin et va se distraire au café avec ses amis, le temps que je fasse les courses. Depuis des années, on se partage les corvées. Lui se charge des comptes et moi de la maison. Ça se passe bien. Il a certes ses petites exigences, comme tous les hommes. Par exemple, que le repas soit prêt dès qu'il rentre, en général à 19 heures. Comme ça, il est tranquille pour regarder le journal télévisé. Donc, j'ai pas intérêt à traîner en route parce que ça me laisse à peine plus d'une heure pour préparer le repas : entrée, plat, fromage et dessert.

Je pourrais préparer plus pour réchauffer le lendemain, mais Fabrice est obsédé par l'hygiène : pas de réchauffé. Donc s'il y a des restes, ils sont pour moi le lendemain midi. En fait, il y a toujours des restes parce qu'il faut toujours que je prévoie large au cas où il inviterait du monde à dîner ou qu'il ait très faim. Mais en général,

Fabrice me prévient le matin quand ses amis viennent. C'est souvent pour voir un match de foot. Il n'a que deux amis, Gérôme et François. Je ne les aime pas. Quand ils sont là, je sers et je m'éclipse ranger la cuisine, puis je me réfugie dans la chambre.

Il y a des gens qui sortent de leur travail heureux, moi non. Tiens ! J'ai déjà vu cet homme ce matin, il me semble. Mais il portait la barbe et il était habillé différemment, mais c'est lui. Je suis très physionomiste. De toute façon, avec son sac, je le reconnais. Peut-être travaille-t-il par ici ? Ou alors il fréquente une salle de sport dans le quartier ? J'ai l'impression qu'il me sourit. Je baisse vite les yeux en passant devant lui. Je suis vraiment bête, je me fais des idées. Qui me sourirait ? Je sais bien que j'ai l'air d'un chien battu ; en fait, c'est bien ce que je suis. Fabrice a raison…

Que m'est-il arrivé, mon Dieu ? Qu'est-ce qui a dérapé en chemin ? On était amoureux tous les deux, il était gentil, attentionné et, moi, j'étais persuadée que c'était l'homme de ma vie… mais mon amie – je ne la vois plus depuis longtemps – m'a expliqué un jour que les manipulateurs sont comme ça… Extérieurement, ils charment tout le monde mais, à la maison, ils détruisent… la victime met un certain temps à comprendre. Elle doute, elle culpabilise… elle est prise dans un engrenage et son auto-estime est rabaissée… C'était ce genre de choses qu'elle me disait mon amie. À l'époque, je l'ai crue jalouse et j'ai rompu avec elle… Quand j'ai compris qu'elle avait raison, j'ai voulu la rappeler, lui dire que j'avais besoin d'elle mais elle avait déménagé, quitté la ville ; je n'ai jamais su où elle était partie. C'était ma seule amie et je l'ai perdue, par ma faute.

Mince ! Je suis tellement dans mes pensées que j'ai oublié le pain… Je me retourne tellement vite pour faire demi-tour que je bute contre quelqu'un. Au moment où je lève les yeux pour m'excuser, je vois encore cet homme. Il se trouvait juste derrière moi… j'ai peur d'un coup.

Peut-être me suit-il ? Ou c'est une connaissance de Fabrice qui me piste pour voir ce que je fais après le travail ?

—Excusez-moi ! dis-je en rougissant et je presse le pas vers la boulangerie.

Heureusement, il n'est plus là quand je ressors. Bon, il faut que je me dépêche de passer chez le boucher, car Fabrice ne mange que de la viande. Je vais lui faire un bon steak avec des frites. J'ai de la chance, car je pourrais lui faire ce menu plusieurs fois par semaine qu'il s'en plaindrait pas. Ensuite j'achète de quoi faire une entrée et quelques abricots pour une tarte. Je me dépêche de rentrer et m'engouffre dans la cage d'escalier. Arrivée à l'étage, j'entends des éclats de voix et des rires... il est déjà à la maison et a invité ses amis. Je glisse la clé dans la serrure et passe la tête par la porte du salon.

—Je suis là !

Il regarde ses amis et lâche en riant :

—Elle est pas con, celle-là ! Je le vois bien que t'es rentrée. Rends-toi donc utile et apporte-nous des trucs à grignoter.

Il est content d'avoir fait rire ses copains à mes dépens. Je m'en fiche même si j'ai honte quand même. Je disparais dans la cuisine. Quelque part, j'aime mieux quand il les invite. Ça se passe plus tranquillement pour moi. Je prends un paquet de cacahuètes et des chips que je vide dans des bols, puis j'attrape le saucisson que je tranche le plus finement possible sinon il ne va pas en vouloir si les tranches sont trop grosses et je mets le tout sur un plateau que j'apporte en arborant un simulacre de sourire « de bonne maîtresse de maison dévouée et ravie d'avoir des invités ».

—Voilà, voilà... Qui gagne ?

—Depuis quand ça t'intéresse ?

Et sans prendre la peine de me répondre, il rajoute :

—Rapporte-nous des bières.

Je reviens trois minutes plus tard avec leurs boissons que je dépose sur la table dans l'indifférence générale. Pas un

« Merci », pas un signe de tête… en fait, c'est mieux comme ça, je préfère qu'ils ne s'intéressent pas à moi. Je n'aime pas leurs regards qu'ils promènent lentement sur mon corps, je me sens salie. Comme ils voudront manger avant le match, il faut que je me dépêche. Je mets le couvert en essayant de faire le moins de bruit possible, la nappe, les assiettes, les couverts, les verres, le pain, deux bouteilles de vin au moins. Ah, ne pas oublier la moutarde, le sel, le poivre. Les assiettes à dessert que je prépare, le fromage est sorti et la charcuterie aussi avec les cornichons. Bon, la tarte maintenant. Ensuite, j'épluche les pommes de terre, mets la friteuse en marche. Je n'ai plus qu'à faire les frites et les steaks. Bleus chauds avec des croisillons et un morceau de beurre aux herbes. Heureusement j'en ai toujours à l'avance. J'attends le signal de Fabrice qui m'annonce qu'ils ont faim. Ils passent à table et le temps qu'ils prennent leur entrée, je finis ce que j'ai à faire puis les rejoins avec les frites et les steaks pour enfin m'asseoir. Les assiettes et les plats vidés, c'est au tour du fromage, puis de la tarte. Tandis que je dépose une assiette devant Fabrice, il me passe la main sous la robe et me pétrit les fesses devant Gérôme et François avec un sourire de propriétaire satisfait.

—Voilà ce que j'appelle une bonne soirée et elle est pas finie ! dit-il en clignant de l'œil à ses amis qui ne trouvent rien de mieux que de rire grassement.

J'ai si honte… que je disparais vite dans la cuisine pour ranger, et surtout pour être seule. Mon Dieu! Je ne supporte plus cette vie mais je n'ai pas de famille chez qui me réfugier. Il ne voudra jamais m'accorder le divorce. Et si je décidais de partir, louer un studio, il me trouverait et me rendrait la vie encore plus odieuse. De toute façon, il dépose mon salaire sur son compte en banque et me donne de l'argent pour les courses seulement… Je n'ai pas de carte bancaire, pas de chéquier non plus. Je ne peux rien faire.

Ils sont retournés s'asseoir au salon, je range ce qui reste sur la table et file discrètement vers la chambre.

J'enfile un jogging et un grand tee-shirt pour éviter de l'aguicher. Je prends un magazine que je n'ouvre même pas. Il n'aime pas que je m'endorme avant lui mais je m'assoupis pourtant, l'oreille aux aguets. Plusieurs heures après, la porte d'entrée claque. Ils sont partis. Je me redresse vite, ouvre le magazine et fais semblant de lire.

—Non mais, tu crois pas que je vais sauter une nana qui ressemble à rien ? Allez ! Va enfiler un truc sexy…

Obéissante et misérable, je me lève et prends dans ma commode un ensemble avec guêpière aux couleurs vulgaires qu'il m'a acheté avec les talons assortis et pars dans la salle de bains. J'enfile ce déguisement de putain, me mets du rouge à lèvres et je ressors. Il me reluque un bon moment avant de me faire signe de le rejoindre. Heureusement, c'est un éjaculateur précoce et il se moque de me donner du plaisir, alors ça n'est jamais très long. Une fois certaine qu'il s'est endormi, je le repousse pour qu'il roule sur le côté en faisant attention de ne pas le réveiller.

CLAUDE

J'ai eu une idée en me réveillant et j'ai attendu, dans un état d'excitation juvénile, qu'Angéla s'en aille. Midi sonne enfin. À peine m'a-t-elle dit « Au revoir » que je lui demande sur un ton d'indifférence difficilement simulée :

—Au fait, il est toujours là, le type sur le banc ?

Je l'entends qui se dirige vers la fenêtre à petits pas pressés. Ses pas plus rapides aux enjambées plus petites que sa démarche habituelle me révèlent qu'elle aussi est curieuse.

—Il a dû arriver il n'y a pas longtemps parce que je l'ai pas vu ce matin… ni quand j'astiquais les vitres du haut. Ah ! il s'est rasé. Il est quand même mieux sans cette barbe hirsute… Je me demande ce qu'il fabrique ici ? Vous croyez pas qu'on devrait appeler la police ?

—Il a quand même le droit d'être assis sur un banc ! dis-je en riant.

—Qu'est-ce que vous en savez qu'il surveille pas votre maison pour vous cambrioler ?

—Il serait plus discret si c'était le cas, non ?

—Pas sûr... bon, je vous aurai prévenu. À mardi, monsieur Claude.

À peine la porte refermée sur elle, je vais dans la cuisine où j'ouvre le placard dans lequel je garde mes réserves. J'aime bien avoir de petites choses à grignoter, car je n'ai pas toujours envie de mes repas tout prêts. Donc, deux fois par mois, Angéla m'accompagne en voiture au supermarché et j'en profite pour faire des courses ou des démarches. Je m'empare d'un bon saucisson sec, de la baguette qu'Angéla m'a apportée ce matin et je fourre le tout dans un sac avec des verres en plastique, une bouteille de vin sans oublier le tire-bouchon, un couteau et mes portions de fromage individuelles. Je prends ma canne, mes clés et je sors. Il fait si bon ! Un souffle tiède tombe sur mon visage. J'avais oublié ce petit bonheur, annonciateur de la saison chaude, prodigué par les premiers rayons de soleil au contact de la peau... une caresse qui nous fait sentir inexplicablement vivant, simplement vivant. Je descends les marches du perron, remonte l'allée de graviers et ouvre le portillon qui, aussitôt, grince. Le bruit a forcément attiré l'attention du SDF s'il est encore là. Maintenant, il sait que c'est un non-voyant qui occupe cette maison. Je prends un risque, mais tant pis ! Je me dirige l'air de rien vers le banc pour pique-niquer. C'est l'idée que j'ai eue. Parler avec lui me renseignera mieux que quiconque sur le genre de bonhomme qu'il est. Je sens quand les gens mentent et je sais toujours à qui j'ai à faire. Il faut bien que l'on ait des avantages, nous autres. On ne visualise peut-être pas le *body language* mais on entend les non-dits et les ressentis aux variations de tons dans la voix et au débit de paroles aussi.

Il a dû se pousser sur un côté du banc parce que j'ai perçu un discret frottement. Je m'installe comme si de rien n'était et pose mon sac de victuailles à côté de moi. J'imagine la tête qu'il doit avoir en ce moment que je fais mon petit numéro : j'avoue que je savoure et prends tout mon temps pour déboucher la bouteille. Et je me sers. Avec précaution. Si ça se trouve, il croit peut-être que je fais semblant de rien voir. Ça épate toujours les gens quand je fais ça. Ils se demandent à juste titre comment je peux bien me débrouiller pour que ça ne déborde pas. C'est simple, l'oreille, tout bêtement. Je prends mon petit air de bienheureux ravi venu profiter de la douceur du temps. Il reste silencieux, mais je perçois sa respiration et je sens son odeur. Une odeur de savon bon marché. Il faudrait que je trouve un stratagème pour entamer la conversation. Alors je fais tomber ma canne et commence à tâtonner... je sais qu'il hésite à me venir en aide, ce qui révélerait sa présence. Il attend, je pense, de voir si je la trouve tout seul avant de se manifester. Peut-être a-t-il décidé de m'observer à mon insu ? Je fais exprès de chercher assez loin de l'endroit où je l'ai entendue tomber. Je dois lui inspirer pitié, car il finit par se lever et pose la canne à côté de moi sans un mot.

—Vous êtes bien aimable, merci ! J'espère que je n'envahis pas trop le banc avec mon panier, excusez-moi, je me croyais seul. Je ne prends pas toute la place au moins ?

—Non. Vous ne me dérangez pas, répond-il sur un ton neutre.

Sa voix est éduquée, le timbre plutôt grave, la diction est retenue mais laisse transparaître une grande lassitude, une indifférence presque.

—Il fait si beau que j'ai eu envie de manger dehors...

Je ferais mieux de trouver une autre excuse, car si c'est lui qui était chez moi hier soir, il sait forcément que je pourrais être dehors, dans mon jardin et non sur un banc public.

—En fait, j'ai eu envie de me mêler au va-et-vient de la rue. J'habite en face... C'est vrai que je pourrais pique-niquer dans mon jardin, mais ça me fait du bien quelquefois de me mêler à l'agitation de la ville.

Il ne relance pas la conversation.

—Ça m'ennuie de manger en Suisse devant vous. Ce n'est qu'un petit pique-nique tout ce qu'il y a de simple, saucisson et fromage… Avez-vous déjeuné ? Voulez-vous vous joindre à moi ?

Je sens qu'il hésite entre la tentation du repas et le fait de devoir converser en échange. Alors je prends un verre, le remplis et lui tends.

— Merci.

— Vous venez souvent ici ?

— On peut dire ça, oui.

— Oh, moi, ça faisait bien longtemps… Je crois que c'est ce soleil qui m'a poussé à sortir. Surtout, prenez du saucisson ou du fromage… parce que boire à jeun, ce n'est pas bon, ai-je rajouté pour qu'il se sente à l'aise et ose se servir.

Puis je décide plutôt d'agir en m'emparant de la baguette dont je romps un morceau que je lui tends. À mon grand soulagement, il s'en saisit. Je tâtonne ensuite dans mon sac à la recherche du saucisson et du couteau que je pointe dans sa direction.

— C'est bien la première fois que je pique-nique en face de chez moi…

Et je m'esclaffe.

— C'est pas commun en tout cas…, répond-il amusé.

Il a dû déduire que je suis sénile. Nous mangeons en silence. J'entends sa mastication rapide. Il a faim. Nous pensons sûrement chacun à l'autre. Je ne lui pose aucune question, je ne veux pas l'effaroucher. Lui de même, j'imagine. Il doit se dire que s'il me pose des questions, je vais croire qu'il se renseigne. En fait, non, je suis bête, il ne sait pas que je sais qu'il est SDF. Je me ressers du vin… Si Angéla était là, elle me dirait que j'exagère pour un midi.

— Tenez ! Prenez un autre verre.

Il se ressert tout en disant :

— Si vous voyiez la tête des passants ! Oh, pardon… je ne voulais pas…

— Décrivez-les-moi.

— Certains ont un sourire indulgent, d'autres un regard désapprobateur. Comme si c'était malséant de pique-niquer dans la rue… c'est la bouteille de vin qui les choque, je crois. En tout cas, ils sont surpris pour la plupart.

Le temps passe plaisamment. Nous parlons de tout, de rien. Nous ne nous sommes pas présentés et c'est aussi bien comme ça. Qu'est-ce qu'un nom changerait? Je presse le bouton de ma montre. La voix métallique m'annonce qu'il est 14 h 32.

—Je crois que je vais rentrer faire une sieste… Après ce petit repas, je me sens somnolent. Je vous dis à bientôt, qui sait? Je m'appelle Claude, au fait. J'habite en face… si vous avez envie de passer un jour, ça me fera rudement plaisir.

—À l'occasion… Merci pour ce repas… Moi, c'est Alain.

Je remballe mes affaires tandis qu'il m'aide. Je lui laisserais bien tout, mais il pourrait en être offensé. Je prends mon sac et je me lève pour rentrer.

—Je vous raccompagne.

D'ordinaire, j'aurais dit que je pouvais y arriver très bien tout seul, mais le fait qu'il vienne jusqu'à la maison, c'est lui donner l'autorisation tacite d'y revenir. Je suis content de cette rencontre. Je ne sais pas grand-chose de lui. En fait, rien. Mais il ne m'a pas l'air de quelqu'un de dangereux. Je vais attendre pour le revoir. Je ne veux pas qu'il croie que, étant seul et âgé, je souhaite lui mettre le grappin dessus.

DEUXIÈME PARTIE

ALAIN

Je fixe la porte d'entrée de ma maison où le petit vieux a disparu depuis un moment déjà et, sur une impulsion, je fouille dans mon sac à la recherche de mon livre. Je reprends ma lecture où je l'avais laissée, à la deuxième partie.

LE DÉSERT

Tout était sec, aride autour de lui, tout n'était que sable à perte de vue. Un dénuement total, réel, qui correspondait à ce qu'il ressentait et... osait à peine se l'avouer, avait recherché. Car sinon... il n'aurait pas été là, exactement là.

Tout était absolument logique. L'univers, les hommes, la nature était sous le joug d'une loi, rien n'arrivait sans une cause ; et confronté à la conséquence, à Sa conséquence, il était devenu impuissant. Spectateur.

Depuis quelque temps, une sorte de désarroi profond, omniprésent et lancinant le tenaillait, il se demandait pourquoi il avait tout quitté – plusieurs fois –, laissé tout ce qu'il avait construit et possédé ?

Pourquoi une incohérence implacable l'avait-elle poussé à tout abandonner encore et à nouveau ?

Pourquoi cet appel instinctif avait-il toujours été le plus fort, tel le chant inéluctable des sirènes auquel il n'avait jamais résisté ? La poursuite d'un rêve l'avait stimulé, poussé à agir, aller, courir ! Vers...

Et aujourd'hui, il lui en voulait à ce mirage d'avoir existé.

Pourquoi son imaginaire avait-il jugé bon de l'asticoter ?

Pourquoi ne s'était-il pas contenté de ce qu'il vivait ?

Sa vanité l'avait-elle berné le persuadant qu'il y arriverait, juste comme ça, simplement parce qu'il l'avait désiré ardemment ?

Dans ce matin glacial de non-perspective aussi brûlant d'angoisse que les précédents, pourtant sans chaleur, sans ombrage, sans repos, sans guide, sans limites, il se sentait vide, entièrement vide, sans anima, sans but. Il constatait qu'il était incapable d'expression quelle qu'elle soit : plus de colère, plus de révolte, plus de joie, plus de capacité de sourire encore moins de pleurer, plus de besoins, plus de ressentis et surtout plus d'envie, peut-être... un reste de mémoire, ce qui était pire finalement.

Il avait cette étrange sensation, tel un flottement, comme s'il s'observait lui-même, comme s'il ne sentait que ce que les grains de sable : ni nuit ni jour... à peine le vent.

Il s'était desséché.

Ses yeux s'étaient racornis, à son image.

Son cœur aussi tari que le paysage alentour.

Et le symbole était là. Bien là, obnubilant.

Il était incapable de regretter le passé non plus que ses décisions ; il s'était juste épuisé en cherchant. Il en déduit qu'il avait perdu tout, jusqu'à ce qui avait été vrai pour lui : son essentiel, son rêve. Ce grand vide l'avait envahi à son insu. Une impression nouvelle et qu'il savait dangereuse sans en être effrayé le moins du monde (peut-être même qu'elle l'attirait d'une certaine façon par sa nouveauté, non par son signifiant, car cela non plus ne lui suscitait aucune réaction).

Son malaise provenait du fait qu'il ne pouvait intellectualiser cette sensation, pas même l'identifier : un état de néant total l'enveloppait, l'asphyxiant inexorablement, lentement.

Tout semblait indiquer que d'une certaine façon les autres avaient eu raison finalement... À cette idée, il tenta bien d'éclater de rire, mais ce fut d'un rire sinistre. L'expression cynique d'un son grotesque sortit de sa gorge et il se moqua de toutes ses belles idées factices, ses images qu'il avait créées, devenues vaines, évanouies, happées par cette étendue désertique.

Quelle folie l'avait saisi pour croire qu'il y avait autre chose que la recherche du « bien-être », ersatz de bonheur, confortable et assoupissant ? La seule chose qui lui restait était de réaliser au plus profond de lui-même qu'il n'aurait pu vivre cette vie de fourmi, mais il savait aussi que s'il avait pu, il aurait été moins malheureux.

Il avait passé trop de temps, presque tout son temps à essayer de comprendre. Il avait tout envisagé quant à sa personnalité : une grosse dose d'arrogance, d'égocentrisme, d'exigence, de paresse, de mégalomanie, voire de folie, une sorte d'anomalie sociale, une fuite face à ses responsabilités, la poursuite d'un idéal impossible... Il n'était peut-être qu'un asocial, un misanthrope, un blasé ou un rêveur, un inutile, un faible ou plus abruptement un raté ? Pourtant... il savait travailler, être efficace, rester humble, il pouvait se contenter de rien tout en jouissant du beau, il savait aider, parler aux autres, les écouter, s'adapter, partager, il savait être présent quand il le fallait et s'il le fallait. Il avait su créer et bâtir, s'enthousiasmer, il avait su rire et s'amuser et découvrir et s'extasier... peut-être plus que les autres d'ailleurs.

Or il était là, à se rouler dans le sable, recroquevillé, son lamentable rire devenu gémissement et il se savait pitoyable, méprisable, car sûrement que le plus grand des courages était de vivre au mieux sa vie de fourmi.

Quelle prétention avait-il eu de penser que la quête de la vérité, plutôt de Sa vérité, résoudrait tous ses problèmes existentiels, qu'il suffirait qu'il se connaisse pour trouver sa voie et occuper sa place, mais toute sa place, enfin, dans cet univers qui ne s'arrêtait jamais de tourner ?

Quel mystère le maintenait vivant, jour après jour, à la recherche de quoi ?

Il se visualisait : une mouche attrapée dans une bouteille. Point de sortie, point de possibilités, point de réponse à sa question. Une seule évidence, des parois lisses, dures et glissantes ne reflétant pas même son image et contre lesquelles il se cognait. Des murs opaques sans reflets, rappels et résultantes de son mouvement, vain, inéluctable.

Et le sablier s'écoulait, l'oxygène manquait, le temps de la réflexion s'était enfui – d'ailleurs, il était las, saturé de penser –, à peine occupé à survivre. Il ne vivait plus dans le présent depuis longtemps, tout absorbé par cet absolu qu'il avait rêvé, qu'il avait toujours imaginé exaltant, mais qu'il avait perdu à force de vouloir l'atteindre.

Pourquoi renonçait-il aujourd'hui ?

Pourquoi aujourd'hui justement et non hier ou après-demain ? Probablement parce qu'une limite avait été franchie. Il ne savait plus ce qu'il cherchait. Sa ligne directrice, tel un bâton qui vous guide, s'était diluée ; il ne la distinguait plus...

Ainsi, cette immense et lourde tristesse ne venait pas du fait qu'il aurait pu s'être égaré dans son idéal, mais de ce qu'il ne se rappelait même plus... quoi ? Son propre oubli avait tout digéré.

Comme il aurait aimé crier, se révolter, s'insurger, éprouver de la rage, de la hargne et vouloir ! Vouloir n'importe quoi ! Se battre avec ses poings, ses ongles et mordre ! Mordre dans la vie, mais non. Il était avachi dans ce désert. Encore plus insignifiant qu'un grain de sable. Et lui, des millions de fois plus gros, doué de la capacité de se mouvoir, de penser, de sentir, d'agir, de rire et de tout ce qui rend l'homme unique... se trouvait dépossédé de son histoire.

Il ne pouvait plus retourner en arrière – ne souhaitait pas, et cette probabilité ne l'intéressait pas.

Bien sûr, il avait vécu de beaux moments avec leurs

larges gammes d'émotion, rencontré toutes sortes de gens, réalisé certaines choses, connu des endroits magnifiques, appris d'autres façons de penser, d'exister, d'aimer... Mais voilà, tout cela n'était même plus « échangeable ».

La non-communication s'était installée entre lui et les autres, en partie par sa faute. À force d'être seul, il avait perdu le désir de dire ainsi qu'une certaine capacité à argumenter. Et lorsqu'il avait souhaité parler de ses fragments de vie, il y avait toujours eu quelqu'un qui discutaillait, comparait, à l'occasion doutait ou exigeait des preuves... au lieu d'écouter, si simplement. Comme autrefois lorsqu'un voyageur de retour au village, tous se rassemblaient pour entendre parler d'aventures, de bribes de vie venant d'ailleurs et peu leur importait la véracité ou la justesse des propos : ils écoutaient pour le plaisir de vibrer et pour nourrir leur imaginaire en découvrant qu'« un différent » existait là-bas, par-delà leur monde.

Du coup, il perdit également le goût du dialogue. Ses histoires n'étaient réelles que pour lui. Il ne lui restait plus qu'à se taire.

Finalement, c'était tout bête, parfaitement simple. Il se retrouvait en panne sèche de carburant, naufragé de la mer acceptant l'évidence de la dérive. Il ne se révoltait pas contre ce destin logique. Il s'étonnait uniquement d'être sans énergie – conscient qu'il avait épuisé sa capacité à la renouveler – alors qu'il avait toujours misé sur ce potentiel : son désir-vouloir qu'il avait cru sans limites.

Car de la force ? Il en avait eu. De la détermination, du courage ? Également ! Mais, à ce moment du présent, son instinct ne l'avait mené qu'à cet univers sans horizon ni lumière.

Il resta immobile, ensablé, des jours, des nuits, des mois. Tantôt le regard vide fixé sur ce plafond d'étoiles, tantôt se retournant, fuyant et refusant la luminosité du soleil, incapable de voir, ne désirant plus voir, excepté l'obscurité qui l'envahissait lorsque ses yeux étaient hermétiquement clos.

Puis, sans savoir vraiment pourquoi, il se releva non par volonté, plutôt par ironie : il décida d'« aller » en se disant qu'à défaut de trouver son chemin personnel – magique –, il parcourrait du moins un chemin symbolique : il poserait un pied devant l'autre.

Et il marcha, se traîna et avança tel un aveugle. Il fut surpris de constater qu'il ressemblait à un enfant apprenant à se tenir debout : un pas, puis un autre encore... se concentrer pour garder l'équilibre...

C'est alors qu'il entrevit une possibilité... Du moins, cela lui apparut comme quelque chose de jouable : il redécouvrirait le monde. C'était peut-être une déviation de réponse à sa question : se re-pénétrer de la jouissance de cheminer, pour le plaisir, sans savoir vers où. Il irait à la recherche de l'enfant enfoui en lui et de toutes ses capacités qu'il avait oubliées, délaissées en grandissant, en pénétrant dans ce monde d'adulte qui vous impose de nouvelles règles et des interdits de tout ; vous oblige à fermer votre livre de rêves ; vous force à choisir un moule et vous y fait entrer, cisaillant au besoin tout ce que vous auriez pu devenir, le possible... mais le Vôtre.

Alain ferma les yeux. Il comprit que c'était ce qu'il faisait péniblement depuis quelque temps : il mettait un pied devant l'autre. Il eut envie de pleurer mais stoppa tout net la montée des larmes en se levant et en empoignant rageusement son sac.

CORENTIN

C'est du grand n'importe quoi maintenant ! En plus du piano et du tennis, je dois aller chez le psy. Ma tactique n'a pas vraiment fonctionné. C'est même l'inverse.

J'avais commencé à moins bien travailler, faire des fautes dans mes réponses ou simuler de pas avoir assez de temps pour répondre à toutes les questions. Ce genre de trucs, quoi, histoire de faire baisser mes notes et plus être traité d'intello. Je me disais que si j'avais des notes moyennes, je serais de nouveau accepté par mes anciens potes. En fait, ce qui s'est passé, c'est que mes profs ont pas réagi comme je croyais : au lieu de me faire des réflexions de nase comme ils font d'habitude aux autres, du style « T'as encore regardé la télé au lieu d'apprendre ta leçon » ou « C'est pas comme ça que tu vas décrocher ton bac » et bien moi, j'ai eu droit à « Une petite baisse, Corentin? C'est sûrement une fatigue passagère ». Du coup, les autres de ma classe m'en veulent encore plus et ils se sont carrément foutus de moi quand ma prof de français en a rajouté une couche : elle m'a fichu la honte de ma vie en me disant en pleine classe que je traversais « un moment de faiblesse naturelle imputable à la fatigue engendrée par la croissance ». Je sais pas comment j'ai pu me retenir de pleurer. Et les dégâts s'arrêtent pas là. Mon prof principal a téléphoné à ma mère pour lui suggérer de me donner des vitamines, elle aime pas ça, ma mère, qu'on lui donne des conseils sur ce qu'elle doit faire pour son fils et elle supporte encore moins qu'on la soupçonne de ne pas être une mère parfaite qui aurait zappé que sa progéniture manquait de fer ou de magnésium. Sans parler du choc qu'elle s'est tapé quand le prof lui a donné mes résultats de la semaine où y'avait pas une note au-dessus de 13 sur 20. À peine elle a eu raccroché, qu'elle a réagi comme une grosse malade, elle a pris contact avec un psychothérapeute. Résultat, je me retrouve assis dans ce fauteuil face à un type contre qui je n'ai rien, mais franchement!

À la première séance, j'ai fait le muet. Je me suis dit qu'elle pouvait peut-être m'obliger à venir mais pas à parler. Le *blême*, c'est que ça a pas découragé le psy qui a assuré à ma mère que, justement, il fallait continuer à raison de soixante-dix euros la séance. La deuxième fois, je me suis dit que si je continuais à la fermer, ça risquait d'être pire pour moi... donc, j'ai opté pour déballer mon histoire :

— Écoutez, monsieur, c'est simple. Je n'ai pas besoin de venir vous voir, c'est juste que ma vie est devenue un enfer depuis que ma mère a crié sur tous les toits que j'avais un QI de 170. Depuis, mes profs me considèrent comme un surdoué et s'adressent à moi comme si j'étais en porcelaine et que j'avais toutes les excuses du monde, et ceux de ma classe, eux, ils me traitent comme une bête de foire et m'ont carrément mis en quarantaine parce qu'ils me considèrent comme un lèche-cul. Je suis passé du statut d'intello à celui d'« anormal », j'ai archi-foiré sur ce coup-là.

Le psy soulève un sourcil. Il doit pas comprendre. Je lui explique que j'ai fait exprès d'avoir de mauvaises notes, pour que les autres me réintègrent dans leur groupe, mais qu'au lieu de ça maintenant ma mère pense que je gère mal le fait d'être un « génie » ou qu'un professeur ou un élève me fait subir quelques mauvais traitements.

Il est resté silencieux. M'a étudié comme pour décider si je disais la vérité ou non. Il a proposé de continuer quelque temps.

—Ce qui est sûr, c'est que tu as des difficultés avec les jeunes de ton âge. Comment était ta vie avant de connaître ton QI ?

—À peu près normale.

—C'est-à-dire ?

—J'avais des bonnes notes, j'étais l'intello de la classe, mais je faisais partie de l'équipe de foot à la récré. OK, on me mettait gardien de but, mais j'étais content. J'allais au ciné avec les autres ou au McDo. J'étais invité chez des copains ; bon, j'ai jamais invité personne, ma mère, c'est pas le genre à organiser des fêtes à la maison et j'aime autant. Elle serait restée avec nous et m'aurait couvé de son regard mouillé et admiratif. Mais ça m'allait comme ça. Je faisais partie de la classe.

—Qu'est-ce qui te dérange dans l'attitude de ta mère ?

—Elle parle de moi à tout propos et je vois bien que ça énerve les autres, y compris ses amis. Elle me brandit comme un trophée.

— Et ton père ?

— Il est moins étouffant et moins arrogant. Mais il pousse à ce que j'apprenne le plus de choses possible ; « pour m'ouvrir des portes », comme il dit. Vous savez comment se sont passées mes dernières vacances ?

Le psy fait non de la tête.

— On est partis avec mon oncle, ma tante et mes cousins à Barcelone. Ils avaient loué une maison en dehors de la ville avec une piscine. J'étais archi-content parce que c'était la première fois que je passais des vacances avec eux. Ça a pas duré. Tous les matins, je devais être prêt à 9 heures, tout ça parce que ma mère voulait se trouver à l'ouverture des musées avant « le gros des touristes », comme elle dit avec mépris. Mes cousins, eux, restaient au lit tard, petit-déjeunaient dehors et piquaient une tête dans la piscine avant de partir en excursion. Les visites finies, nous, on rentrait à la maison parce que ma mère ne supporte pas la chaleur et que mon père ne conçoit pas les vacances sans sa sieste après déjeuner. Ma mère préparait le repas et je me retrouvais à déjeuner seul, en tête à tête avec eux. On avait l'air de trois petits vieux. Après ? Je me tapais des devoirs de vacances sous la surveillance de ma mère qui trouvait à s'occuper en n'étant jamais loin de moi. Mes cousins, eux, rentraient en fin d'après-midi et seulement à ce moment-là j'avais l'autorisation de m'amuser avant le dîner, mais attention ! Je devais aller au lit à 23 heures pétantes pour être d'attaque le lendemain. Un jour, j'ai protesté et ma mère a dit quelque chose qui a jeté un froid chez les adultes, du genre « Chacun son style de vacances et chacun éduque à sa façon ». Mais j'ai bien compris que mon oncle et ma tante avaient pitié de moi, mais que s'ils voulaient la paix dans la maison, eh bien, chacun continuerait selon ses idées. Je suis certain que l'année prochaine, on ira mes parents et moi, seuls, quelque part.

— Pourquoi ?

— Parce que j'ai entendu ma mère dire à mon père que c'était une erreur d'être partis en vacances avec des gens qui n'ont aucun sens de la responsabilité qu'ils ont dans l'éducation de leurs enfants. Et vous pouvez parier qu'elle va louer un appart parce que la piscine, elle s'en fiche, et qu'on se tapera encore tous les musées de la prochaine ville où on ira.

—Tu lui as dit que tu aimerais passer un autre genre de vacances ?

—Qu'est-ce que vous croyez ? Mais comme toujours, elle me dit qu'elle sait mieux que moi ce qui est important pour mon avenir. Si vous voulez mon avis, c'est plutôt ma mère qui devrait être assise à ma place.

J'ai bien vu que le psy a eu du mal à réprimer un sourire.

—Je vais parler avec elle… peut-être que ton idée n'est pas si mauvaise et qu'une consultation à trois la prochaine fois pourrait l'aider à te laisser un peu plus d'espace.

Il m'a raccompagné puis a appelé ma mère. Elle était carrément coincée quand elle est ressortie dix minutes plus tard. Elle n'a rien dit mais au dîner elle a abordé le sujet :

—Je ne suis pas certaine que ce psychothérapeute soit si bon, en définitive.

Mon père l'a regardée interrogateur, moi aussi.

—Il a suggéré que je fasse une séance avec Corentin et, franchement, cette façon de faire me choque. Comme si… je ne sais pas… ça ne me plaît pas ! Je vais annuler tes prochains rendez-vous et en chercher un autre plus compétent.

—On pourrait attendre de voir si Corentin travaille mieux, a suggéré mon père.

—Tu as entendu, Corentin ?

Comme si, aller chez le psy, c'était comme me priver de dessert. Du coup, j'ai décidé de retravailler et de passer voir le psy pour lui dire quand même ce qui se tramait. Il a pris ça cool mais m'a dit de venir quand je voulais si j'avais envie de parler.

ALAIN

Il est plutôt sympa, ce vieux. Et puis il m'a traité normalement. Ça ne m'était plus arrivé depuis un moment... Remarquez, vu qu'il est aveugle, ça n'a rien d'extraordinaire qu'il ne m'ait pas catalogué comme indésirable. Cela dit, il est quand même différent. Quand on rencontre des gens pour la première fois, en général, ils posent toujours les mêmes questions : vous faites quoi dans la vie ? Vous habitez quel quartier ? Vous êtes marié ? Enfin ce genre d'échanges qui, *a priori*, servent à faire connaissance alors qu'en fait cette curiosité est motivée par le besoin de savoir si, oui ou non, la personne est socialement adéquate pour nous. Lui ne m'a rien demandé. Il était juste content de partager son repas avec un inconnu. D'accord, il est vieux, alors il a logiquement peu de compagnie et ça explique qu'il ne soit pas difficile quant au choix de ses interlocuteurs.

J'ai noté que la majorité des passants nous regardaient attendris, mais une fois seulement qu'ils avaient remarqué que j'étais avec un aveugle... comme si j'étais le bon fils ou le bon voisin qui faisait une B.A. Incroyable ! Ce matin, on me regardait de travers avec ma barbe, ce midi, rasé et en compagnie d'un handicapé, les gens me souriaient avec approbation.

Maintenant que je le connais et que j'ai résolu le mystère de cette maison plongée dans le noir, je n'ose plus aller dormir sous la tonnelle... Dommage, je m'y sentais bien. J'allais oublier l'heure ! Ça va être la sortie des bureaux. Je vais guetter la femme battue et voir un peu où elle va après.

CAROLE

Ce soir, je devrais être tranquille. On est mercredi et, comme toutes les semaines, Fabrice va jouer au poker chez Gérôme ou François. Ça lui arrive souvent de rester une bonne partie de la nuit chez l'un ou l'autre. Je ne sais pas ce qu'ils font et je m'en fiche s'ils vont avec des filles, du moment que, moi, j'ai la paix. Cela dit, ça lui est déjà arrivé de rentrer à l'improviste. Je parie que c'est pour vérifier ce que je fais. D'ailleurs, il me dit que je dois quand même lui préparer un dîner au cas où la soirée serait annulée ou qu'il ait faim en rentrant. Remarquez, ça m'occupe vu qu'il ne veut pas que je sorte. Il dit que, le soir, c'est dangereux pour une femme seule, mais je crois qu'il ne veut pas que je dépense d'argent en cinéma ; il est assez près de ses sous. Tout au début de notre relation, un jour, je lui ai fait remarquer. Il s'est énervé ! Il m'a répondu que si on voulait payer le crédit de l'appartement, il fallait que moi aussi j'y mette du mien. « Alors autant que tu sortes pas et que t'aies pas d'argent sur toi, ça t'évitera de faire des bêtises et d'être tentée. » De toute façon, je vais pas aller me promener seule le soir, ce serait pas drôle.

Les jeudis, je me presse moins en faisant mes courses. Je savoure l'idée d'avoir ma soirée à moi. Il y a un peu de monde chez le boucher. Ah ! il y a du jarret de veau, je vais en prendre avec un os à moelle pour faire un osso-buco que je servirai avec de la vraie purée. Remarquez, comme il n'aime pas le poisson ni les légumes hormis les basiques haricots verts et les carottes, ça me simplifie la vie même si j'aimerais bien manger autre chose de temps en temps. Je ne sais pas si tous les hommes sont comme lui. En fait, mon père était plutôt difficile, mais pas à ce point et puis ma mère pouvait sortir avec ses amies. Par contre, elle devait rester maquillée et habillée jusqu'à son retour quelle que soit l'heure. Ensuite, quand il est mort, ma mère a dit qu'elle allait enfin pouvoir vivre. À soixante ans ! Ça m'a choquée à l'époque mais je la comprends maintenant. Mon Dieu ! J'ai trente-deux ans… si je dois attendre encore trente ans… Comment je vais faire pour durer aussi longtemps ? J'ai quelquefois une telle envie de partir, mais où ? Comment faire ? Où aller ? Si je quitte la ville, je perds mon travail. Et puis étant mariée, si je m'en vais, je suis dans mon tort. Si seulement il pouvait me quitter !

Quelquefois – vous allez dire que je suis folle – je pense à sa mort, un accident ou alors je rêve que je l'empoisonne… Il aime tellement manger que ce serait simple. Mais j'en suis bien incapable. Je suis une faible, en fait. C'est lui qui a raison, je suis bonne à rien. Qu'est-ce que je deviendrais si j'étais seule ? J'ai jamais été seule. J'ai quitté mes parents pour me marier à vingt-deux ans. Si encore j'avais des enfants, mais j'ai pas ce réconfort… Cela dit, je préfère… Que penseraient-ils d'une mère battue ? Et puis, qui sait s'il ne les taperait pas aussi… De toute façon, depuis ma dernière fausse couche, le docteur m'a dit que je ne pourrai plus en avoir.

En sortant de chez le boucher, j'aperçois encore ce type au gros sac. C'est vraiment bizarre. Je décide de rentrer dans la supérette. S'il ne passe pas son chemin et reste sur le parking, je saurai qu'il me suit. J'ai fait exprès d'aller à cette supérette, car il ne peut pas m'attendre en regardant une vitrine, il n'y en a pas à côté. Je prends un panier et disparais vite derrière le premier rayon d'où j'ai une vue sur l'entrée. Au bout de quelque temps, je le vois qui arrive, regarde alentour au lieu de prendre un panier ou de se diriger vers un rayon en particulier. Maintenant, je suis certaine qu'il me file. Il avance en jetant des coups d'œil à droite et à gauche et, là, il me voit et je sens bien qu'il est mal à l'aise que je l'aie vu, alors il continue tout droit. À mon tour de le suivre. Dès qu'il m'aperçoit, il attrape une boîte de conserve et fait comme s'il était intéressé par l'étiquette mais ça sent la comédie. Bon, je vais acheter ce dont j'ai besoin parce que si je lui tournicote autour et que c'est un ami de Fabrice, ça va me coûter cher de faire l'enquêtrice. Au moins, je sais à quoi m'en tenir maintenant.

—Il me faut des olives vertes, de la sauce tomate, du céleri en branche et deux tomates. Carottes, oignons, j'en ai, un bouquet garni, j'en ai aussi… Ah ! du vin blanc.

Je passe à la caisse, sors et marche sans me retourner. J'attends le prochain croisement pour regarder derrière moi. Il a disparu. Je me dépêche de rentrer... c'est peut-être une ruse.

ALAIN

Elle s'est rendu compte que je la suivais. Il faut dire qu'avec mon sac, je ne passe pas inaperçu. Je préfère repartir vers le foyer. Si elle me voit passer mes journées sur le banc, ça risque de paraître suspect à ses yeux. Je ne sais pas pourquoi je la suis, en fait. Quand son mari travaille, elle n'est pas en danger et même je vois mal ce que je pourrais faire... J'ai tellement envie de lui dire de quitter ce type, mais ça va être difficile de l'aborder... peut-être que je devrais en parler à Claude? Je décide d'attendre vendredi pour retourner sur mon banc. Pour le moment, je vais aller à la laverie.

Le lendemain, je laisse mon sac à la consigne du foyer pour me présenter à un travail. Hier soir que je déambulais sur les bords de l'Indre, j'ai vu qu'un restaurant avait une affichette collée sur l'une de leurs vitres pour une place de plongeur. Ce boulot m'irait bien parce que ça m'occuperait une partie de la nuit.

Ça fait drôle d'être de retour dans cette ville après presque vingt ans. Quand j'ai atterri à Roissy le mois dernier, j'ai pris direct le train pour Loches, sans réfléchir. Un réflexe. Un retour à la tanière, aux racines familiales. On s'accroche à ce qu'on peut quand on n'a plus rien, sauf de lointains souvenirs pour se rassurer. Il me fallait bien aller quelque part. Alors j'ai pris un aller simple pour la ville où mes parents avaient toujours vécu et où j'avais passé ma jeunesse. J'espérais surtout retrouver mon frère même si la perspective ne m'enchantait qu'à moitié.

On s'est brouillés il y a plus de dix ans. Il était venu en vacances chez moi à Bangkok avec sa femme et elle a fichu le bazar entre nous. Alors évidemment que je n'en menais pas large en arrivant en taxi devant chez lui. Le malaise n'a pas duré longtemps puisque j'ai vite découvert qu'il n'habitait plus là depuis quelques années déjà. Je n'ai aucune idée de l'endroit où il se trouve maintenant. Du coup, je suis resté à Loches. Aller où de toute façon ?

Je suis arrivé au restaurant. Fermé. Il est trop tôt bien sûr… je repasserai. Je retourne en direction du centre-ville, demande dans les cafés par-ci, par-là s'ils ont besoin d'aide. Personne n'a besoin d'aide. Le hic, c'est qu'ils me demandent tous ma carte de Sécu et un RIB. Je vais à la première banque que je vois pour ouvrir un compte. Mais là, pareil, il me faut une kyrielle de justificatifs et un numéro de téléphone. Je décide d'aller à l'agence Pôle emploi comme m'a conseillé Monique.

Je suis le premier, il est à peine 9 heures. Je vois la nana qui arrive, papote d'abord avec sa collègue, se fait un café et retourne papoter. Je lui laisse un peu de temps avant de frapper à la porte. Pas envie de la braquer contre moi en interrompant sa routine. Est-ce la rencontre avec ce vieil aveugle à qui j'ai dit que j'étais au chômage ou cette femme avec sa vie infernale et triste qui a provoqué ce déclic ? Possible parce que je n'avais pas l'intention de m'inscrire à quoi que ce soit ni de refaire partie du système. Je passe plus d'une demi-heure dans ce bureau à parler de mon parcours, décliner nom, date de naissance, numéro de Sécu. Là, ça coince ! J'ai bien un numéro de Sécu mais je « n'existe administrativement plus » puisque j'ai vécu plus de dix ans à l'étranger sans m'enregistrer au consulat… Donc, il va falloir que je voie une assistante sociale.

—Je vous prends RV pour… voyons voir son planning… dommage, demain, elle n'a plus de place libre.

Tant mieux ! Demain j'ai prévu de pique-niquer avec Claude.

—Lundi 9 heures. Il faudra une adresse et un justificatif de domicile. Ce que vous pouvez faire avant, c'est un CV que j'ajouterai à votre dossier en attendant que vous soyez en règle avec la Sécurité sociale.

Elle est gentille cette femme. Elle a vraiment envie d'aider. Je m'installe à un ordinateur et commence à rédiger un CV, cette fois, sacrément remanié.

CLAUDE

Quand Annabelle est arrivée, la première chose qu'elle m'a dite, c'est que le SDF n'était plus là.

— Les riverains ont dû faire le nécessaire.

Cette nouvelle m'a rendu triste. Il ne dérangeait personne. Ou est-ce qu'il a cru que j'allais le prendre pour confident et qu'il a préféré fuir? Heureusement, Annabelle était pressée et ne s'est donc pas attardée pour parler. Je n'en avais pas très envie. C'est curieux, je crois que je m'étais habitué à la présence de cet homme en face de chez moi. Ça me fait comme un vide que je m'empresse de combler avec *Le chant du cygne* de Schubert... Les notes me portent... mon esprit dérive... vers Corentin.

Il est spécial, ce garçon. Bien seul, le pauvre, mais il a de la personnalité, il s'en sortira. Je crois qu'il aime bien ce qu'on fait ensemble, car il m'a même demandé s'il pouvait passer à l'occasion. Je lui raconte des anecdotes sur la vie des musiciens, les amours de Chopin et George Sand ou les déboires amoureux de Liszt. On a parlé de Beethoven et de sa surdité. Du génie précoce de Mozart et de son coach de père omniprésent... Corentin a alors blagué sur la ressemblance de Léopold Mozart avec sa mère, ce qui évidemment a déclenché nos rires. Je lui fais écouter les œuvres les plus connues... Étant donné que nous avons moins d'un mois devant nous, je préfère survoler l'essentiel pour qu'il ait un éventail de connaissances même si cela reste superficiel. La dernière fois, il m'a demandé en partant si je pouvais lui passer du jazz... Donc, lundi prochain, nous écouterons du jazz.

Alain n'est même pas revenu dans le jardin. Je n'ai plus entendu le portillon grincer.

CAROLE

L'osso-buco est prêt, la purée de pommes de terre aussi. La table est mise. J'allume la télé et je tombe sur un programme qui traite des femmes battues. Vite ! je zappe, un pincement au cœur. Je n'ai pas envie d'entendre quoi que ce soit à ce sujet, ça me ferait trop mal. J'ai bien assez de ma vie minable pour ne pas avoir encore à me taper celle des autres. Je n'ai pas le courage et surtout pas envie d'entendre parler de tout ça. Pour quoi faire s'il n'y a pas d'échappatoire. Je préfère m'évader de mon quotidien, pour une fois que je suis tranquille et seule à la maison, alors je choisis de regarder une série américaine, mais je n'arrive pas à rester concentré sur l'histoire. J'entends les répliques sans écouter, l'esprit ailleurs. Soudain, j'attrape le contrôle de la télé et cherche la chaîne qui passe l'émission sur les femmes battues. L'ambiance est lourde, la femme qui témoigne a des lunettes noires, elle est à contre-jour et parle d'une voix morte.

—… Avec une ceinture. J'avais le corps lacéré… j'ai encore les cicatrices… Je le croyais toujours quand il me disait que ça n'arriverait plus… mais un jour, j'ai…

Mon cœur s'emballe parce que je viens d'entendre l'ascenseur et c'est peut-être Fabrice qui revient à l'improviste. J'éteins vite, car j'ai reconnu le bruit de la clé dans la serrure et lâche la télécommande comme si elle brûlait pour courir à la cuisine. Il ne vaut mieux pas qu'il me trouve sans rien faire. Je saisis en vitesse quelques assiettes propres que je pose dans l'évier et me mets à les laver.

—J'ai faim ! crie-t-il depuis l'entrée.

—C'est prêt quand tu veux.

—Justement ! Je viens de dire que j'ai faim.

Je mets les plats dans le micro-ondes. Je coupe du pain. Je fais deux allers-retours, le temps qu'il enfile d'autres vêtements. Il se sert à manger sans rien dire. Quand il est de mauvaise humeur, il vaut mieux que je reste aussi muette que lui. Je me sers une petite portion. Je n'ai plus faim. Comme je croyais être tranquille, j'ai déjà mangé mais s'il savait que je ne l'ai pas attendu, il s'énerverait. On mange en silence. Une question me brûle les lèvres : « Pourquoi n'est-il pas avec ses copains à jouer au poker ? » A-t-il décidé de me surveiller ? Et si le type au sac lui avait raconté des bobards ? Fabrice ne me dira rien. Il sait forcément que je me pose cette question. Il finit son dessert et va se vautrer dans le divan devant la télé. Mon Dieu ! Je n'ai pas changé de chaîne en éteignant... s'il tombe sur l'émission, il est capable de croire que je la regardais. La peur m'assaille, les battements de mon cœur qui s'emballe martèlent mes oreilles. Je reste près de la table à faire semblant de débarrasser pour savoir si l'émission continue... Heureusement, j'entends le jingle des publicités puis je comprends qu'il zappe... soulagée. Je m'attaque à la vaisselle, range la cuisine et vais dans la chambre. Je l'entends qui arrive bien plus tard, se déshabille puis se met au lit. Sans transition, il me monte dessus en m'écartant brutalement les jambes. Je fais comme si je dormais. Il me malaxe le sexe sans douceur, me pétrit les seins puis me pénètre dans un râle de soulagement. Quelques soubresauts puis il glisse sur le côté et moi, je reste les yeux grands ouverts.

Je n'ai connu que cet homme. J'ai lu quelques romans, je lis des magazines, je vois quelques films mais c'est quoi l'amour entre une femme et un homme ? Je ne sais pas. J'ai toujours pensé que l'homme avait ses besoins et, personnellement, je n'en ai aucun. Je n'aime pas le sexe. Je le subis comme une donnée du mariage. Ma mère m'a répété ce que sa mère à elle lui disait : « Si tu es gentille avec ton mari, tout ira bien. » Mais alors pourquoi je suis si malheureuse ? Pourquoi je vis dans une crainte perpétuelle ? Mon amie me disait que c'était pas ça l'amour mais qu'est-ce qu'elle en savait ? Je veux pas être méchante, mais elle ne restait jamais avec le même homme bien longtemps. Enfin, c'était comme ça jusqu'à ce qu'on arrête de se voir. Elle me manque vraiment ! On riait bien ensemble. Je ne ris plus depuis si longtemps.

ALAIN

Ce matin, je me suis réveillé de bonne humeur. D'abord, j'ai été embauché – au black, bien sûr, vu que je n'ai pas de numéro de Sécu – pour faire la plonge les jeudis, vendredis et samedis soir. Ils me proposent une misère, mais c'est déjà ça. Et puis je pourrai manger gratis ces trois soirs-là. Je suis aussi de bonne humeur parce que je compte bien inviter Claude à un pique-nique aujourd'hui. Je me dirige vers ma place et, comme tous les vendredis, je vois cette femme qui arrive à 9 heures. J'imagine que c'est elle qui s'occupe du ménage… Je sais qu'elle ne part pas avant midi et je ne veux pas frapper chez lui pendant qu'elle est là. Elle risque de penser que je ne suis pas une bonne fréquentation pour lui, car je sais qu'elle m'a repéré. Elle fait d'ailleurs partie de ceux qui me lancent des regards pleins de jugement. Bon, je vais aller acheter une baguette, du jambon et un camembert, un vrai, parce que Claude n'a que des fromages en portion individuelle et j'ai bien vu que ce n'était pas à son goût. Je vais aussi prendre une bouteille de vin rouge. Un petit vin ordinaire. Il faut que je sois prudent avec mon argent au cas où je ne fasse pas l'affaire au restaurant. Je retourne m'installer sur mon banc avec mes provisions et j'attends, impatient en regardant ma montre toutes les cinq minutes.

CLAUDE

Il fait un temps splendide aujourd'hui. Ah ! j'entends Angéla qui arrive. Elle ne frappe jamais à la porte, car elle sait que je sais que c'est elle. Pour m'annoncer son arrivée, elle lance toujours un « Bonjour ! C'est moi, monsieur Claude » en ouvrant la porte.

—Bonjour, Angéla ! Alors, comment allez-vous aujourd'hui ?

—Moi, ça va mais y'a ce SDF qui est revenu, grommelle-t-elle.

—Ah bon ?! ne puis-je m'empêcher de m'exclamer content.

—On dirait que ça vous gêne pas ! Vous êtes bien le seul… Les voisins commencent à se plaindre.

—Mais il ne fait rien de mal que je sache ?

—Allez savoir ! Qui vous dit qu'il n'épie pas toutes les allées et venues parce qu'il a en tête de mauvaises choses ?

J'hésite à lui parler de ma rencontre avec lui. Je vais attendre un peu, c'est plus prudent. Elle risquerait de remuer ciel et terre pour le faire partir en me croyant menacé.

—En tout cas, aujourd'hui, il est mieux fagoté ! Ses habits ne sont pas froissés comme avant.

—Tiens donc !

—Quoi ? « Tiens donc »... Ça change rien au fait que c'est pas catholique de passer ses journées sur un banc avec un gros sac...

Puis elle sort tous ses ustensiles du placard et commence son nettoyage énergique. Ce n'est pas qu'il y ait grand-chose à faire, mais elle se fait un devoir d'astiquer la maison de haut en bas à chaque fois. Pendant ce temps, j'essaye de suivre une émission à la radio malgré le vrombissement de l'aspirateur. Peine perdue entre le bruit et sa voix qui me parviennent de la cuisine :

—Faudrait faire venir le jardinier ! Votre jardin est de plus en plus minable et je vous dis pas comment les feuilles mortes se sont entassées du côté de la tonnelle... Vous avez encore de la chance, y'a dû avoir un sacré vent qui vous a balayé la table ! Je sais que vous ça vous gêne pas vu que vous sortez jamais de vos quatre murs, rajoute-t-elle narquoise. Moi, ce que j'en dis, c'est affaire d'hygiène... Bientôt on va avoir des rats partout dans le salon si vous laissez aller !

—Je vais m'en charger.

Cette brave Angéla ! En fait, elle m'a donné une idée. Pourvu qu'Alain ne parte pas avant le départ d'Angéla. Il faut que je me calme, car ça fait bien trois fois que je lui demande si le SDF est toujours là.

—Mais je croyais qu'il ne vous intéressait pas ! Ah, mais peut-être que vous allez enfin commencer à vous inquiéter et faire le nécessaire...

—Je ne m'inquiète pas ! Je suis curieux.

—Croyez-moi, y'a rien à dire à son sujet : il est assis et reste assis. C'est pas un poil qu'il a dans la main, celui-là, mais un baobab !

—Mais laissez-le en paix ! Il ne vous a rien fait que je sache ?

—Vous savez, monsieur Claude, vous vous arrangez pas avec l'âge. Je vous aurais raconté que du bien de ce type, vous m'auriez contredite. C'est ça qui vous intéresse, prendre le contre-pied de ce que je dis.

—Pas du tout... c'est juste que nous sommes parfois en désaccord.

—Vous voulez le dernier mot ? Eh bien, je vous le laisse ! Allez, je m'en vais avant de vous étrangler et de finir en prison à cause de vous. À mardi, monsieur Claude.

— À mardi, Angéla !

Au grincement du portillon, je me lève d'un bond. Je prends ma canne et je sors. Je ne suis pas arrivé au bout de l'allée que je reconnais la voix d'Alain qui me hèle depuis le trottoir d'en face.

—Bonjour, Claude, c'est Alain ! Ça vous dit un pique-nique sur notre banc... ? J'ai amené ce qu'il faut.

Je suis vraiment heureux de ce déjeuner surprise.

—Par contre, je vais devoir vous demander un ouvre-bouteilles et des verres, car je n'ai rien de tout ça sur moi...

—Venez ! lui dis-je. Allons chercher le nécessaire à la cuisine.

Une fois à la maison, je lui indique dans quels tiroirs chercher et nous repartons en direction de la place. La chaleur réchauffe ma vieille carcasse qui se sent soudain revivre d'autant plus que le simple contact du bras d'Alain suffit à dissiper mon sentiment de solitude. Les gens n'ont pas idée comme le manque de contact physique est dur à supporter parfois.

—Vous savez, je vais vous faire un aveu, déclare Alain. J'ai découvert cette petite place il y a presque un mois... et elle m'a plu tout de suite. Elle est un peu en retrait et il y a cet arbre et ces buissons énormes... c'est vraiment agréable. En fait, c'est d'abord votre maison qui a attiré mon attention... elle est vieillotte, mais elle a l'air de résister paisiblement au temps qui passe, coincée par ces immeubles.

— Ce n'est pas faux ce que vous dites. C'était la maison de mes parents. Oh, ça ! J'en ai vu passer des promoteurs qui m'ont proposé de l'argent. Ils me disaient : « Mais rendez-vous compte ! Avec tout l'argent que vous aurez, vous pourrez vous offrir ce que vous voulez ! » Mais j'ai toujours refusé.

— Vous avez raison.

— Quand je ne serai plus là, peu m'importe que mes neveux vendent. Je ne me fais pas d'illusion, remarquez... Une maison de province... ce n'est pas là où des jeunes ont envie de passer leurs vacances, d'accord ! Mais ces vautours, qu'est-ce qu'ils y connaissent aux souvenirs ?

— Moi, c'est l'inverse, je donnerais cher pour être amnésique.

Je me tais comme frappé en plein visage par cette réflexion qu'il a laissée échapper. Il y avait plus que de la tristesse ou du chagrin dans son ton. Il y avait un désarroi total. Cela s'apparentait à la plainte lugubre d'un animal blessé qui se prépare à mourir. Vite ! Dire quelque chose pour l'éloigner de l'abîme.

— Qu'est-ce que vous diriez, Alain, d'un pique-nique amélioré dans mon jardin, la prochaine fois ?

— Ça me plairait bien...

— Alors c'est comme si c'était fait. On pourrait faire un barbecue ?

Je le sens qui hésite... Je précise vite :

— Ça me rendrait un fier service parce que mon congélateur est plein à craquer. J'ai toujours des réserves au cas où mes neveux viendraient avec leurs enfants, mais ils n'ont pas prévu de venir prochainement et j'ai de quoi nourrir un régiment... Cela dit, je comprendrais que vous n'ayez pas envie de passer trop de temps avec un vieux schnock comme moi !

Ce genre d'arguments fonctionne toujours... Les gens n'osent plus se défiler après, parce qu'ils seraient gênés d'être pris justement pour ce qu'ils ne veulent surtout pas être pris.

— Je veux bien tenter une soirée avec un vieux schnock...

Il a dit ça sur un ton grave, je sais qu'il ne ment pas.

— Il faudra juste me prévenir la veille... pour que je décongèle.

— Je commence un travail de plongeur demain. Je suis pris les jeudis, vendredis et samedis soir, sinon je suis libre... c'est vous qui me dites.

Je réfléchis vite. J'ai écouté la météo, ils prévoient du beau temps tout le week-end et en début de semaine prochaine.

— Si vous êtes pris les prochains soirs, nous pourrions déjeuner ensemble dimanche midi ? Vous aimez le bœuf ?

— Et comment ! Mais...

— C'est moi qui régale, je l'interromps. Attendez d'avoir touché votre paye pour m'inviter.

Puis je précise :

— Mais ne croyez pas que déjeuner chez un non-voyant est de tout repos... vous devrez faire tout le travail.

Il éclate de rire et ça me fait du bien d'entendre enfin à quoi ressemble son rire. C'est un rire qui part du ventre, un rire plein et sonore, un rire franc, simple et chaud. Puis il me donne un bout de baguette avec du camembert... Un vrai délice, ce camembert, soit dit en passant. Je le complimente sur son choix et il insiste pour que j'en remporte la moitié. J'accepte pour lui faire plaisir. Et on se quitte à mon portillon.

— J'ai passé un moment formidable.

— Moi aussi, Claude. À dimanche.

— Bonne chance pour le travail !

Je rentre, me brosse les dents et me dirige vers mon fauteuil pour une petite sieste en écoutant la radio. Mais je me rends compte que je n'ai rien suivi du débat dont j'ai même oublié le thème, car mes pensées n'ont pas cessé de tourner autour d'Alain... Quelle vie ? Quels destin ou tragédie ont conduit cet homme sur ce banc, en face de chez moi ? Je ne sais pas, le saurai-je un jour… quelle importance ? À part cette rencontre que j'aime.

Je me couche tout excité à l'idée de notre prochain déjeuner sous la tonnelle ! J'ai hâte de connaître sa réaction.

ALAIN

Je remballe tout et range le peu qu'il reste du pique-nique dans mon sac. J'ai trois heures à tuer avant de partir bosser. Je dois me présenter au resto à 18 heures… Je me laisse distraire à nouveau par les mouvements de la rue. Une voiture qui se gare là-bas. Deux femmes qui sortent de l'immeuble de gauche, bras dessus, bras dessous, un groupe d'ados qui chahutent, se bousculent, un couple qui se dispute…

C'est curieux, pourquoi l'homme ne peut-il pas vivre seul ? Pourquoi ce besoin d'échanger, de s'identifier à un groupe… cette soif d'être aimé, apprécié, reconnu. Il se débat pour échapper à la solitude, car sinon, sinon ? Eh bien, à moins d'être un ermite, quelque chose s'enraye et c'est la dérive.

Je suis interrompu dans mes pensées par l'arrivée de ce jeune qui pousse le portillon. C'est bizarre, on n'est pourtant pas lundi aujourd'hui. Ça alors, du jazz ! Je reconnais *Blueberry Hill* d'Armstrong. C'est la première fois que Claude passe du jazz depuis que je suis là. Il enchaîne par *Petite Fleur* de Sidney Bechet… J'ai droit à une rétrospective des classiques. Je ferme les yeux et remonte le temps, vers ma jeunesse. Je me revois étudiant à Paris, les soirées, les filles, les discussions interminables au café sur la politique essentiellement, sur les mouvements artistiques nouveaux… Une phrase de Fats Waller, pianiste de jazz dans les années vingt, me revient : « Le jazz, ce n'est pas ce que tu fais, mais la manière dont tu le fais. » Cette définition pourrait bien s'appliquer à la vie, dans le fond.

Il est l'heure de partir. J'abandonne à regret mon banc. Encore sur mon nuage, j'ai bien failli ne pas remarquer la femme battue qui arrive en face… Je lui souris en la croisant, elle ne répond pas. Elle est encore jeune avec un joli visage fin, petite et menue, de belles formes. Elle a dû être pétillante un jour, mais maintenant elle rase presque les murs, regarde par terre et ses grands yeux clairs expriment à la fois une détresse immense et de l'effarouchement à fleur de peau. Elle me fait penser au petit gibier, toujours en alerte, prêt à détaler et à se terrer.

À 18 heures pile, j'arrive à *La Loche joyeuse*. En fait, si le restaurant s'appelle ainsi, c'est simplement qu'il est situé sur les bords de l'Indre où l'on trouve des loches justement. Il est bien placé, au nord de la ville, juste à hauteur du pont emprunté par les automobilistes de tous calibres qui continuent leur route vers le sud. Contrairement à ce qu'annonce l'enseigne, vous ne trouverez pas l'ombre d'une arête de poisson puisque c'est un menu routier qui y est proposé : de la viande, des frites, haricots verts ou des pâtes avec de la charcuterie et un buffet de crudités. Le parking est une aubaine pour les conducteurs de semi-remorques ou de camping-cars, d'autant que c'est une vraie galère pour se garer en ville. Enfin, tout ce que je vous raconte, c'est le patron qui me l'a dit quand je suis venu postuler pour ce boulot de plongeur. Il a racheté le terrain mitoyen au restaurant – qui portait déjà ce nom-là à l'époque – pour l'aménager en parking.

« Stationnement et vue sur la rivière, un menu complet et unique, comme ça, pas de stock compliqué à gérer... un petit prix... j'ai du monde, je te le garantis ! Tu vas en laver des casseroles... », et il a éclaté de rire.

On me montre les éviers et on me dit succinctement ce que je dois faire. Je n'ai jamais fait ça de ma vie mais je connais puisque j'avais un restaurant et, surtout, j'ai la rage au ventre. La rage pour cette loque de femme qui ne sait plus sourire, la rage pour cet homme, vieux, seul et aveugle qui a encore la force d'être généreux et humain. Deux inconnus qui sont entrés dans ma tête à défaut de faire partie de ma vie. Oui ! J'ai la rage et ça me plaît parce que c'est la première fois depuis que ma vie s'est écroulée que je me sens vivant. Alors, pour mon premier soir, j'ai lavé et lavé et lavé à une vitesse vertigineuse… comme si j'étais un pro de la lavette.

Soudain, j'ai un peu honte. Le doute s'insinue en moi. Et si c'était parce que je me trouve « plus chanceux qu'eux » que je me sentais mieux? Je veux dire « moins à plaindre », car c'est vrai en fait, je trouve ma situation préférable. C'est dingue ça ! C'est tellement risible que je pars d'un éclat de rire qui provoque l'étonnement du personnel en cuisine :

—Toi, t'es un cas, mec ! J'avais encore jamais entendu quelqu'un s'éclater en faisant la plonge ! me lance le chef.

C'est vrai. Ce soir, je suis sinon heureux, du moins content, à ma place, utile, dans le vrai… alors que tout est tellement n'importe quoi dans ma vie, en ce moment. Quand je rentre à 2 heures du matin au foyer, je suis tellement fourbu que je m'allonge tout habillé sur mon lit dans ce dortoir où, avant, je n'aurais pas pu fermer l'œil… Je m'endors aussitôt.

CLAUDE

Dimanche. J'attends avec impatience l'heure du déjeuner. J'ai mis la viande à décongeler depuis hier et ce matin, je l'ai sortie du réfrigérateur pour qu'elle soit à température ambiante. Une belle côte de bœuf… On va se régaler. J'entends le portillon grincer et des pas pressés sur le gravier. C'est Alain ! Je sais au rythme de sa démarche qu'il est impatient. Il sonne.

—Entrezzzzzzzzzz ! je lui claironne depuis mon fauteuil.

Il vient vers moi, me serre la main d'une poignée chaude, enveloppante, légèrement ferme.

—J'ai préparé les paniers. Je vais vous demander de m'aider à les porter au jardin. Vous voyez, je vous fais déjà travailler. Mais avant, il faudrait mettre ce gratin dauphinois au four. Désolé, Alain, mais ici je n'ai que des plats congelés au menu !

Je me lève et le précède avec ma canne vers la porte qui donne de la cuisine dans le jardin de derrière. Je déverrouille, descends les quelques marches du perron et nous y voilà ! J'ai hâte de connaître sa réaction. Je compte dans ma tête, vingt-quatre pas tout droit et, ensuite, cinq pas à droite pour arriver à la tonnelle. Il n'a pas encore dit un mot. Il a posé les paniers sur la table en pierre et je parierais qu'il hésite sur l'attitude à avoir. Son silence me prouve que c'est bien lui qui est venu. N'importe qui aurait été surpris et se serait exclamé à la vue du jardin. C'est vrai, c'est rare dans ce quartier qui pullule d'immeubles. Je tâtonne pour trouver le banc, je choisis l'extrémité où je sais qu'il y a encore des feuilles que j'enlève d'un geste et je m'assois. Je l'entends qui enlève les feuilles qui restent. Je suis rassuré. Il n'a pas fait l'étonné, ce qui m'aurait dérangé. Je sors des paniers les assiettes et couverts, les verres, le tire-bouchon, le gros sel, le poivre et… les serviettes en papier que je pose sur la table. Puis, je me lève et attrape ma canne.

—Suivez-moi ! On va aller chercher le barbecue qui nous attend derrière la porte que vous voyez près du perron.

Il m'attrape sous le bras et nous nous dirigeons vers la cave. Je lui tends une clé qu'il prend, la fait tourner et à peine a-t-il entrouvert la porte, que je sens la fraîcheur de la cave qui assaille mon corps.

—L'interrupteur est sur la droite. Vous trouverez le barbecue au fond, avec le charbon et l'allume-feu…

J'entends le bruit du barbecue qu'il soulève et qu'il sort puis il repart chercher le sac de petits bois et de charbon qu'il dépose dehors, près de la porte, à côté du barbecue.

—Allez vous asseoir, j'emmène tout ça près de la tonnelle, dit-il énergiquement.

—C'est pas fini ! Il nous faut du vin avec ce bon repas… À gauche, vous verrez une étagère avec des bouteilles. Bon, sur la deuxième rangée à partir du haut, il devrait y avoir quelques bordeaux. Prenez donc un Médoc pour commencer.

—Vous avez une belle réserve, dit-il admiratif. Ah ! voilà. Je vous donne la bouteille, je vais prendre le barbecue.

—Allons-y ! dis-je en refermant la porte. Amenez tout votre barda, moi, je connais le chemin ! Vingt-quatre pas tout droit et deux à droite.

—Avant l'effort, le réconfort ! Si ça ne vous ennuie pas de déboucher ce petit rosé sec pour l'apéritif, dis-je en sortant de mon panier un vin corse entouré d'un brassard thermique. Ça nous fera patienter…

Alain nous sert, me tend un verre et nous trinquons. Il y a un plateau de charcuterie que je me suis fait livrer par mon boucher : jambon cru, rosette et andouillette.

Puis je l'entends qui se lève pour s'occuper du feu. Apparemment, il a l'habitude.

—Il n'y a plus qu'à attendre les braises, annonce-t-il.

—Ça va me changer de mon ordinaire ! Deux fois par semaine, une employée de la mairie vient m'apporter des repas tout prêts. Mais pour le gourmand que je suis, c'est un peu triste cette nourriture en barquette ; alors aujourd'hui, c'est la fête !

Puis je change de sujet de conversation parce que j'ai une idée derrière la tête.

—Dites-moi, Alain, dans quel état est le jardin ?

—En friche, sec et plein de mauvaises herbes… c'est dommage. Un peu de nettoyage et un coup d'arrosage, et ce serait déjà nettement mieux.

—Vous savez, comme je ne sors plus beaucoup, j'ai totalement oublié de m'en occuper – et là, je vais mentir, mais quelque chose me pousse à dire ce que je vais dire –, et quand j'appelle le jardinier, il n'est jamais libre ! Malheureusement, je ne connais personne qui puisse m'aider.

Un silence, puis :

—Moi. Je peux vous donner un coup de main si vous voulez ?

J'ai trois quarts de seconde pour réfléchir et veiller à ce que je vais répondre : ne pas le prendre comme bénévole sous prétexte que je l'invite à déjeuner et ne pas le vexer en lui proposant de le payer.

— Ce serait vraiment gentil de votre part, mais je tiens à vous dédommager du temps que vous y passerez.

— Non, ça me fait plaisir... et honnêtement, ce sera vite fait : un coup de ratissage, un peu de désherbage, arroser et le tour est joué. Vous avez des outils ?

Je préfère ne pas insister au risque de le froisser. Le payer pourrait d'ailleurs transformer notre relation en employé-employeur. Il a raison finalement. Je l'inviterai à dîner.

— C'est vraiment gentil à vous ! Ce n'est pas que ça change quoi que ce soit pour moi puisque je ne vois rien... C'est pour qu'Angéla, ma femme de ménage, ne me menace plus d'être bientôt envahie par des rats !

Je devine que les braises sont à point, car j'entends le grésillement de la viande au contact du grill chaud puis tout de suite l'odeur... magique et évocatrice. Je me prends à songer que la vie peut-être douce.

ALAIN

Je me réveille de bonne humeur. J'ai rendez-vous avec Claude après sa sieste pour lui faire le jardin. Je fouille dans mon sac à la recherche d'un short et d'un tee-shirt, enfile une paire de tennis. Puis je remets mon sac dans la consigne du foyer où j'ai pris l'habitude de le laisser maintenant. En attendant l'heure, je décide de faire un tour en ville. J'ai horreur du lundi. Tous les magasins sont fermés. La ville est morte et elle me renvoie à ma solitude. Je marche, vire, tourne. Je regarde ma montre... si je me dépêche, je pourrais croiser la femme battue. J'accélère le pas et je me poste sur le trottoir en face de l'immeuble d'où je sais que je la verrai arriver à son travail. La voilà ! Je calcule le moment pile-poil pour traverser la rue et me retrouver en face d'elle juste quand elle sera à hauteur de « Jamoix Père et Fils ». Je m'élance entre deux voitures, en regardant ailleurs et je déboule de l'autre côté, l'air de rien.

— Bonjour ! Cette fois, c'est moi qui ai failli vous télescoper, on dirait...

Elle rougit, bredouille un « Bonjour » en baissant les yeux. J'essaye de la retenir en disant :

—Vous êtes du quartier ?

Elle me regarde, apeurée.

—Non. Je… vais à mon travail. Je suis pressée.

Elle a l'air perturbée que je lui aie parlé. Je la regarde s'engouffrer dans l'entrée comme si elle avait le diable aux trousses. Ça va être difficile avec elle, mais j'ai tout mon temps. Je file à l'agence de Pôle emploi et j'attends mon rendez-vous avec l'assistante sociale. Elle rentre dans le bureau puis m'appelle après avoir allumé un ordinateur. Je me lève, m'assois sur l'une des deux chaises en face de la table qui nous sépare. On remplit mon dossier puis elle m'explique que d'ici une quinzaine de jours je recevrai ma carte vitale. Je lui demande si je pourrais avoir droit à une aide quelconque en attendant de trouver un travail…

—Il faut d'abord que vous soyez en règle avec la Sécu pour pouvoir avoir votre dossier Assedic à jour, ensuite vous reprendrez rendez-vous pour un logement et une demande d'APL. Pas avant six semaines…

Six semaines ! Il faut que je tienne six semaines. Puis je paye pour deux heures d'Internet et je cherche des infos, cette fois, sur la psychologie des femmes battues. Midi et demi, je m'en vais, l'agence ferme. J'achète une bouteille d'eau et de quoi me faire un sandwich et me dirige d'un bon pas rejoindre ma place où je m'installe en attendant 15 heures.

On a vraiment de la chance. Enfin, surtout moi… vu que je passe mes journées dehors, car ce mois de mai est fantastique. Un printemps comme les vrais d'autrefois. Le soleil est timide mais, vers midi, il chauffe juste ce qu'il faut. Le réveil de ma montre sonne. C'est l'heure d'y aller. Je traverse la rue et pousse le portillon qui a dû annoncer mon arrivée à Claude. Je le referme derrière moi. J'arrive sur le perron et appuie sur la sonnette.

—Entrezzzzzzzzzz ! me crie-t-il depuis l'intérieur. C'est ouvert !

J'ai à peine poussé la porte que je l'entends déjà me saluer.

—Bonjour, Alain ! Comment allez-vous aujourd'hui ?

—En pleine forme ! Il fait un temps superbe… idéal pour le jardinage.

—Si vous le dites ! Vous trouverez les outils dans la cave, précise-t-il en me tendant une clé.

—D'accord. Je vais aussi avoir besoin de grands sacs-poubelle pour les feuilles.

—Je suis sûr que vous en trouverez dans la cave… en face des bouteilles de vin, vous verrez un placard où Angéla garde les réserves de produits ménagers.

—Vous préférez que je commence par le devant ou derrière ?

—Je vous laisse décider, vous savez bien que, moi, ça m'est égal.

Je souris de son allusion mais ne peux m'empêcher de penser qu'il a sacrément confiance. Vous vous rendez compte ? Si j'étais mal intentionné ? En fait, il est bien obligé de faire confiance comme tout handicapé, à la réflexion. Je descends à la cave, farfouille et trouve une binette, un râteau, une pelle. Je prends aussi un sécateur et vois une petite tondeuse à main avec un bidon d'essence. Ensuite je ressors, fais un tour derrière, puis devant pour évaluer le travail. Je vais commencer par le devant. Tandis que je transporte tous les outils, une musique s'élève… il me semble que c'est le *Boléro* de Ravel. Le souvenir du film de Lelouch *Les Uns et les Autres* s'impose à moi avec sa scène finale. Grandiose. Jorge Donn qui danse sur une plate-forme en hauteur circulaire, au Trocadéro. Il est torse nu avec un collant noir qui lui colle à la peau autant que son corps colle au rythme, saccadé et suggestif, qui croît graduellement pour s'amplifier, de plus en plus obsédant pour s'achever dans un déferlement de cuivres jusqu'à l'explosion finale… un moment sublime de maîtrise et d'abandon.

Je m'attaque à la haie. Je coupe les branches mortes, je désherbe les pieds. Au bout d'une demi-heure, j'attaque les parterres de rosiers. Je taille, je nettoie, je ratisse et mets toutes les mauvaises herbes et branches mortes dans un sac qui est vite rempli. Je le dépose près du portillon. Je regarde ma montre. 16 h 30. Je bois un peu d'eau et j'attaque le gazon ; enfin, c'est plutôt de l'herbe folle après l'hiver. Le portillon grince et j'aperçois le jeune qui vient tous les lundis. Il est surpris de me voir. Je lui fais signe de la main, il répond par un sourire forcé et il se dépêche de remonter l'allée de graviers. Encore un qui m'a vu sur le banc. J'entends la voix de Claude qui l'invite à entrer et, cinq minutes plus tard, j'entends du jazz… Je finis de ratisser lorsque Claude apparaît sur le perron.

—Vous êtes là, Alain ?

—Oui, oui ! Je termine justement.

—J'aimerais vous présenter Corentin !

—J'arrive.

Je pose le dernier sac d'herbe coupée près des autres et j'y vais. Je me demande bien pourquoi il veut me présenter ce jeune.

CORENTIN

C'est ouf, ça ! Qu'est-ce que le SDF fait ici ? Il a dû demander un travail.

—Alain, je vous présente mon élève de piano, Corentin. Il passe son bac la semaine prochaine.

—Bonjour, Corentin.

Il ne paraît pas comprendre plus que moi pourquoi le prof nous a présentés l'un à l'autre. En tout cas, il n'a pas l'air méchant et, sans sa barbe, c'est vrai qu'il fait moins trash. Je ne sais pas s'il faut que je dise au prof que c'est un SDF qui passe son temps sur le banc d'en face, mais il le sait peut-être. C'est pas mes oignons après tout.

—Alain a gentiment proposé de nettoyer le jardin. Tu te doutes bien que ça m'est plutôt égal mais ça fera plus propre, j'imagine.

—Justement, dit Alain, j'aimerais passer un coup d'arrosage si ça ne vous dérange pas.

Le prof est super content. Je sais pas si c'est d'avoir un jardin propre ou du monde chez lui, mais il sourit comme j'ai jamais vu. Je me demande du coup si les leçons ne le rasent pas plus que moi au final ?

—Bon, Corentin ! Il te reste deux leçons encore. Es-tu pressé de rentrer ? Je sais que tu as des révisions...

—C'est bon, je peux rester un peu... mais faudrait téléphoner à ma mère.

J'ai à peine fini ma phrase qu'il sort de sa poche son téléphone portable. Il est trop poilant, ce vieux, avec ses gadgets au top du top. Je devine qu'il a appuyé sur la touche « Menu », car une voix métallique de femme énumère des options puis des noms jusqu'à arriver à celui de ma mère et, là, il appuie sur la bonne touche sans se planter. Il connaît aussi bien le portable que le piano. C'est dingue, cette mémoire qu'il a !

— Bonsoir, madame, c'est Claude, le professeur de piano de Corentin...

Elle l'a déjà forcément interrompu paniquée parce que j'entends le prof qui dit :

—Non, non, tout va très bien ! Mais puisqu'il ne reste plus que deux leçons avant la fin de l'année, seriez-vous d'accord pour que Corentin reste un peu ce soir ? je voulais l'inviter à... un concert privé. Il sera rentré pour 19 heures.

Lorsqu'il raccroche, il semble satisfait de lui.

—Tu as la permission, alors allons-y !

On passe l'heure suivante avec Duke Ellington, Glenn Miller puis on passe au rhythm and blues avec Fats Domino, Ray Charles, aveugle lui aussi et dont il me raconte la vie, Etta James et je me rappelle plus qui encore... jusqu'à ce que son horloge sonne 18 heures.

—Est-ce que tu pourrais aller voir où en est Alain ?

Je regarde par la fenêtre et je ne le vois pas, mais l'herbe et les plantes ont été arrosées, car c'est tout humide.

—Dites donc, c'est super le jardin maintenant. Il paraît grave plus grand avec l'herbe coupée.

—Tant mieux, tant mieux, répond-il légèrement

surexcité. Alors s'il n'est pas devant, il est forcément derrière… peux-tu regarder par la fenêtre de la cuisine ?

Il est peut-être parti. Mais non, je le vois qui ratisse les feuilles mortes. Y'en a une sacrée quantité.

— Il est derrière ! je crie depuis la cuisine.

Aussitôt, voilà le prof qui rapplique total surexcité dans la cuisine avec sa canne.

— Que dirais-tu d'un rafraîchissement, Corentin ?

— Super, je réponds carrément surpris parce que je le trouve *zarbi* aujourd'hui.

— Tu vas prendre le panier sur le réfrigérateur, s'il te plaît. Tu y mettras trois verres. Ils sont dans le placard de gauche au-dessus de l'évier. Puis choisis quelque chose pour toi dans le frigo… il y a du coca et du jus de fruits.

J'opte pour un coca.

— Peux-tu prendre aussi la bouteille d'eau fraîche dans le frigo et la bouteille de rosé, s'il te plaît, et dans le placard à droite du four, tu vas trouver le pastis avec des sachets de cacahuètes. Dans le panier aussi !

— C'est bon.

— Suis-moi alors.

Il ouvre la porte de derrière, on descend les marches et je porte le panier. C'est cool, cette tonnelle. Je dépose le panier sur la table et je l'entends qui s'adresse au SDF :

— Qu'est-ce que vous diriez d'un petit remontant, Alain ? Pastis ou rosé ?

Comme ça, il s'appelle Alain. C'est sûr, il est pas tout jeune, le mec. En tout cas, il est aussi surpris que moi, le SDF. D'ailleurs, il me regarde, gêné. Il sait que je sais qu'il vit dans la rue.

— Je n'ai pas fini…

— Ça pourra attendre, Alain… Venez donc faire une pause avec nous !

Puis le prof me rejoint sous la tonnelle de son pas prudent et en s'aidant de sa canne. Il s'assied et me demande de lui servir un pastis.

—Je vous en mets jusqu'où ? J'ai jamais servi de pastis.

—Je te dirai...

Le prof tourne alors la tête de façon à avoir son oreille gauche orientée vers la table. Je verse doucement.

—Stop. Maintenant tu mets l'eau pour que ça arrive aux trois quarts.

Puis il ajoute :

—Tu te demandes comment je fais, hein? L'oreille, Corentin, l'oreille et des années de pratique ! Entraîne-toi, tu verras... quand le liquide monte dans le verre, le son est de plus en plus aigu, c'est comme ça que je connais le niveau.

En attendant, pour en arriver là, faut avoir l'ouïe sacrément entraînée. C'est fou ce que j'apprends comme drôles de trucs avec lui. Par exemple, on écoute la musique dans le noir. Il dit que la musique peut prendre toute sa place sans que je me laisse distraire... et que, comme ça, j'aiguise mon ouïe plus efficacement. Il a raison, en fait, parce que j'ai remarqué que, depuis que je fais ça, je reporte mon attention à cent pour cent sur ce que j'entends, uniquement. N'empêche que si des gens nous voyaient, ils trouveraient ça carrément *chelou*. Je l'ai dit à personne évidemment.

Le SDF passe devant nous et demande au prof s'il peut aller se laver les mains. Cinq minutes plus tard, il nous rejoint. Il a l'air de faire comme chez lui. Il est rentré dans la cuisine comme s'il connaissait les lieux.

—Servez-vous, Alain. Corentin, je prendrai bien quelques cacahuètes.

Je me lève, ouvre le paquet et lui verse une petite quantité dans la main qu'il me tend.

—Tu aimes le jazz, Corentin ? me demande le SDF.

—Ouais, j'aime bien.

J'ai l'impression qu'ils attendent que je commente mais j'ai rien d'autre à dire et s'ils veulent que je parle, les adultes, ils ont qu'à pas poser des questions idiotes. C'est vrai, ils s'adressent à nous de façon simpliste genre comme si on pouvait pas aligner plus de trois mots, alors on répond pareil, oui ou non.

—Vous savez, Alain, que Corentin a envie de voyager après son bac.

Ça m'énerve que le prof raconte à ce mec des trucs de ma vie.

—Tu aimerais aller où ?

—Je sais pas encore... un pays où on parle anglais.

—En Angleterre ?

—Non, j'ai envie d'aller loin... L'Australie ou la Nouvelle-Zélande ou les États-Unis... j'ai pas encore décidé.

—Tu as raison. C'est quand on est jeune qu'il faut faire ça... après, on a une famille, des enfants, des obligations on est moins libre.

J'y crois pas ! Même SDF, il faut toujours que les adultes donnent leur conseil en rapportant tout à eux, genre « leçons de vie vécue ». Mais bon, j'ai pas envie de faire la coquille Saint-Jacques, alors, je lui demande en me fendant d'un sourire forcé :

—Vous avez voyagé ?

—Pas mal, oui.

Voilà qu'il répond comme un jeune. Juste le minimum. Alors ça me donne envie de poser des questions... je crois du coup que je comprends les adultes. Un « oui » ou un « non », en fait, ça pique la curiosité. Ça laisse insatisfait.

—Où ça ?

—Je connais presque toute l'Europe. Une partie de l'Afrique et du continent américain, le sud de l'Australie aussi. Et j'ai passé pas mal de temps en Asie.

Je remarque que Claude est intéressé, mais il me laisse faire la conversation. Il veut pas avoir l'air curieux, je crois...

—Vous faites quoi pour voyager comme ça ?

Au moment où je termine de poser ma question, je suis conscient que j'ai provoqué un silence. Claude attend. Le SDF hésite. Il ne veut pas parler de lui mais il veut pas être impoli non plus. Peut-être qu'il a menti au sujet de ses voyages ?

—Je m'occupais d'import-export. J'ai toujours bougé, soit pour le boulot, soit pour les vacances. Un jour, je ne suis pas rentré de vacances parce que j'avais l'opportunité de monter une affaire en Asie du Sud-Est.

N'empêche qu'il a pas dit ce qu'il faisait exactement. Je me demande si elle est vraie son histoire rocambolesque de mec qui avait un business. OK, à première vue, il a pas l'air trop bof, j'avoue. En tout cas, j'ai bien senti que le prof a préféré changer de sujet de conversation.

—Il paraît, Alain, que vous avez fait un miracle dans le jardin de devant ? Corentin m'a dit que ça avait une autre allure maintenant.

Ils parlent un moment et, moi, je regarde ma montre. Il faut que j'y aille. Ils ont été cool avec moi mais, honnêtement, y'a un truc qui me dérange. Je sais pas pourquoi, mais je suis total blasé. Je me demande ce qui m'arrive. Pour une fois que des gens s'intéressent à moi, au lieu d'être content, ça m'énerve… je leur en veux, en fait. Je leur en veux parce que j'aimerais que ce soit mes parents qui s'intéressent à moi, et surtout que ce soit des copains qui me posent ces questions. Je suis *vénère* parce que leur intérêt pour moi m'a fait prendre conscience de ma solitude. Encore. Je rentre de mauvaise humeur et ma mère le remarque tout de suite. Elle remarque tout, y'a rien à faire. Un vrai radar, celle-là !

—Tu en fais une tête ! Le concert était mauvais ?

Mais qu'est-ce qu'elle est lourde.

—Nan…

—Tu sais, Corentin, tu n'es vraiment pas gentil en ce moment ! J'essaye de m'intéresser et tu m'envoies promener sans arrêt… Ce ne sont pas des façons de parler à sa mère.

Vexée, elle monte d'une octave pour annoncer que le dîner est prêt. Mon père et moi, on sait à l'intensité de ses aigus quand elle est *vénère*. J'en ai rien à carrer de sa frustration, elle a qu'à pas m'envahir à ce point. Je vais dans la salle à manger et je décroche pas un mot de tout le repas. Je demande à sortir de table et rapporte mon assiette à la cuisine. Ils ne se rendent pas compte, mais je les entends.

—Qu'est-ce qu'il a ? demande ma mère à mon père.

—Ça doit être le bac... il est stressé sûrement.

—Le pauvre ! Je le comprends... mais il n'a pas à s'en faire vu ses résultats.

—C'est quand même le premier grand tournant dans une vie.

—Ce n'est pas une raison pour être désagréable. Tu devrais lui parler...

—J'essayerai..., répond mon père sans grande conviction.

Je suis sûr qu'il n'essayera même pas. Il sait qu'il ne me dirait que des banalités et que je le mépriserais pour ça et il ne veut pas de mon mépris. Il préfère que je croie qu'il croit que je suis fort. Il me fait ce qu'on lui a fait. Non pas par dureté mais parce qu'il ne sait pas comment faire autrement. Je me demande si je lui en veux pas encore plus qu'à ma mère ? Ma mère, elle me porte sur les nerfs. Elle est maladroite, autoritaire et se mêle de tout. Mais mon père, il me fait pitié dans sa faiblesse et je ne supporte pas cette image de lui. Je crois bien qu'il s'invente des excuses pour ne pas voir les choses. Si ça se trouve, ma mère est sur mon dos parce qu'elle juge mon père faible et pas ambitieux pour un sou... et elle a pas envie que je sois comme lui plus tard. J'arrête de penser à ça... j'ai pas envie de savoir. C'est pas mon problème. Moi, j'ai assez avec ma « non-vie ». Je remonte vite fait dans ma chambre et je surfe sur Internet. Je regarde des pays.

CAROLE

Ce matin, l'homme au sac m'a abordée. Je suis certaine qu'il a fait exprès de se trouver devant la porte quand j'arrivais... Il m'a dit « Bonjour », mais je trouve ça louche que ce type croise mon chemin aussi souvent. Je vis ici depuis onze ans maintenant, et à force de faire le chemin de la maison au bureau, je vois souvent les mêmes personnes mais on ne s'est jamais parlé, à peine un sourire. La prochaine fois que je le rencontrerai, je lui dirai d'arrêter de m'importuner. Il comprendra que c'est peine perdue pour la drague. Si c'est Fabrice qui me fait suivre, ce sera parfait que je m'énerve après le type : il aura la preuve que je ne cherche pas ailleurs. En tout cas, il est nettement mieux rasé et pour une fois, il ne se trimballait pas avec son gros sac.

Quand je sors à 17 heures, je m'attends à le voir et jette forcément un rapide coup d'œil aux alentours, mais il n'est pas là. Il a peut-être compris que ce n'était pas la peine d'insister. J'achète de quoi faire un couscous, Fabrice adore ça. Juste avant d'arriver chez nous, je passe comme toujours devant la petite maison mitoyenne à notre immeuble, ils ont enfin nettoyé le jardin ! Je m'arrête, surprise, car je vois un homme en train d'arroser… et, là, je reconnais l'homme au sac ! Je suis certaine que c'est lui. Il ne m'a pas vue. Vite, je presse le pas. Incroyable ! C'est notre voisin… je ne savais pas qu'il vivait ici. Ou alors, c'est un nouveau locataire ? Remarquez, je n'ai jamais aperçu personne dans cette maison pourtant, de la porte-fenêtre de la chambre, j'ai vue sur le petit jardin de derrière avec la tonnelle. On dirait que c'est abandonné tant il y a des feuilles mortes partout… Ah, si ! L'été dernier… il y a eu du monde dehors. Ils faisaient un barbecue, même que Fabrice s'est énervé et est allé fermer la porte-fenêtre à cause de l'odeur qui l'incommodait. Moi, j'aime bien cette odeur, ça me fait penser à l'été. On ne fait jamais de barbecue. Pourtant, on a une grande terrasse, mais Fabrice dit qu'il n'est pas là pour faire la cuisine.

C'est pas du luxe qu'il ait nettoyé son jardin, il en avait grandement besoin… Bon, ça me rassure que ce soit le voisin. Ce qui veut dire que ce n'est pas Fabrice qui me fait suivre.

ALAIN

Corentin vient de partir. Je termine mon apéritif et me lève pour reprendre le ratissage.

—Vous êtes occupé demain? me demande Claude.

—Non, pourquoi?

—Parce que je pensais que le jardin pouvait attendre un jour de plus... Si on mangeait une pizza? Ne me dites pas qu'après ce travail physique vous n'avez pas un petit creux?

Il ne me laisse pas répondre.

—Parce que j'ai faim, moi. On pourrait partager une pizza...

Je peux difficilement refuser. Bah ! Je me serrerai la ceinture pendant deux ou trois jours.

—Bon, je vais en chercher une si ça vous fait plaisir. Je crois qu'il y a des pizzas à emporter à deux pas de chez vous...

—Pas la peine, j'en ai plein le congélateur! Choisissez-en deux. Elles ne sont pas grandes. Dans la cave... Vous connaissez le chemin.

Je range les outils, me lave les mains et retourne à la cave où est entreposé le congélateur. Il est rempli! Je me demande bien pourquoi s'il ne peut rien se préparer lui-même... une prévoyance de vieillard? J'en choisis une au chorizo-poivrons et une aux champignons-jambon. Je monte dans la cuisine. Préchauffe le four, défais les emballages, lis le mode d'emploi. Il y en a pour quinze minutes. Je regarde l'heure et prends deux assiettes, couteaux et fourchettes et je redescends.

—Voilà! Il n'y a plus qu'à attendre un quart d'heure.

—Vous devez penser que j'abuse de vous en cherchant à tout prix à vous garder près de moi... ce n'est pas faux, dans un sens. Mais c'est parce que je vous apprécie énormément et j'espère que c'est réciproque... je comprendrais qu'à votre âge, vous ayez envie d'autre chose que la compagnie d'un vieillard pour occuper vos soirées.

C'est vrai que je ne suis pas dupe. Il est âgé et n'a pas de vie sociale… alors évidemment pour lui, je suis une aubaine. Mais il se trouve que j'aime sa compagnie, vraiment, sinon je n'accepterais pas ses invitations. En plus d'avoir un sens de l'humour acéré, il possède une nature joviale, il est cultivé et a plus d'énergie que beaucoup de personnes plus jeunes. Surtout, il a une qualité essentielle, il sait écouter… Vous me direz que c'est un pléonasme quand on est aveugle ! Ce que je veux dire, c'est qu'il donne sa place à l'autre en s'y intéressant sincèrement. Depuis plus d'un mois que je vis en marginal, je valorise ce genre d'attention, les gestes généreux, si petits soient-ils. Avant, je n'aurais rien remarqué.

—Non, Claude, ça me fait plaisir… moi aussi, je suis seul. Mais ne croyez pas que je resterais si je n'en avais pas envie.

On a passé une soirée très sympa. En partant, j'ai jeté un coup d'œil à l'immeuble de droite, le volet était baissé. Puis je suis parti dormir au foyer. Demain, je retourne terminer le jardin de derrière. Claude a insisté pour que je reste déjeuner en arguant que, comme il ne me payait pas, il voulait qu'on se fasse un petit gueuleton ensemble : il est heureux d'avoir évité l'invasion de rats prophétisée par Angéla ! Comme un enfant, je me sens comme un enfant. Excité à l'idée d'un projet qui suffit à me rassurer. Hélas, sans crier gare, la peur de « l'après » revient me tourmenter … Quand le jardin sera propre, retournerai-je à ma solitude ?

CLAUDE

Et demain? Quand le nettoyage du jardin sera fini… comment vais-je faire pour le revoir? Quel prétexte inventer? Il faut que je trouve quelque chose. J'ai du mal à m'endormir, je n'arrête pas de réfléchir. Alain occupe mes pensées. Il a dit qu'il avait voyagé et qu'il avait été gérant d'une affaire… Je me demande où il habite, ou plutôt où il dort… j'espère que ce n'est pas dans la rue. Il faudrait que je le pousse à se confier un peu demain… Demain ! Je viens de réaliser que demain, Angéla sera là ! Elle va forcément le reconnaître… j'espère qu'elle ne va pas fiche tout par terre avec ses réflexions crues. C'est qu'elle n'est pas commode. Elle a beau avoir un cœur d'or, elle a des idées rigides, rigides… Comment vais-je lui expliquer que le SDF est maintenant chez moi sans qu'elle imagine le pire ? Pourvu qu'elle n'appelle pas Serge, l'aîné de mes neveux. Elle en est capable… Du coup, je n'ai plus sommeil et je tourne et vire dans mon lit.

4 heures du matin… tout s'est mélangé dans mes rêves… Mes neveux autour d'un barbecue, Alain avec son gros sac qui marchait sans fin, Corentin qui voyageait, Angéla qui appelait la police… Quelque chose me travaille… Ah ! j'ai oublié de signer le fameux papier que Patrick, le frère de Serge, m'a adressé en pièce jointe par mail. Ça doit être urgent puisqu'il avait signalé son mail avec « Priorité haute ». Pourtant, je croyais que tout était en règle pour la succession… Je suis surpris ; d'habitude, c'est Serge qui s'occupe de gérer mes affaires. Il n'aura pas eu le temps et a dû demander à son cadet de s'en charger.

Je me lève et vais à mon ordinateur pour écouter mes messages *via* la voix métallique qui débite tout sur le même ton. C'est ça qui est dommage. Les programmes pour non-voyants sont vraiment formidables mais ces voix monocordes, robotiques, aseptisées sans intonation !… Ce n'est pas idéal mais c'est déjà formidable. Ah ! un mail de Serge. Enfin une bonne nouvelle : il m'annonce que toute la famille viendra passer la journée le dernier samedi de juin. Un autre mail de Patrick qui me demande de lui envoyer le papier signé, aujourd'hui au plus tard. Je recherche le mail en question qui remonte à trois jours. Avec l'histoire d'Alain, j'avais totalement oublié. Il me précise de le parapher, en bas à droite, puis de lui scanner avant de lui renvoyer l'original par courrier. J'imprime la pièce jointe puis étends ma main vers la droite à la recherche de mon pot à stylos. Je me dépêche tellement que, dans ma maladresse, j'ai renversé le pot qui tombe par terre et se casse, bien entendu. Comme je n'ai plus l'âge de faire de la gymnastique sous le bureau, ça attendra jusqu'à l'arrivée d'Angéla. Il faut d'ailleurs que je lui demande de lire le courrier en attente. La plupart du temps, ce sont des relevés de factures que je reçois.

Je retourne au salon, m'installe dans mon fauteuil et mets la radio. J'ai dû m'assoupir, car Angéla me réveille en sursaut. Contrairement à son habitude, elle a ouvert la porte brutalement en hurlant depuis l'entrée, sans même me saluer avant.

—Ça a quand même une autre allure maintenant que le jardin est fait !

—C'est bien ?

—Et comment ! Il est venu quand votre jardinier ?

—Hier, de trois à six.

Je fais exprès de préciser parce que je sais qu'Alain a fait le travail en deux fois moins de temps que l'autre. Et comme il faut que je travaille Angéla au corps… j'insiste.

—Vous avez bien fait de changer. Je trouvais aussi que l'autre lambinait, si vous voulez mon avis.

—Pourquoi ne l'avez-vous pas dit ?

—Qu'est-ce que j'y connais en jardin ! J'ai toujours vécu en appartement mais oui, il prenait son temps, c'est vrai. Où l'avez-vous trouvée, cette perle rare ?

J'attendais ça. C'est maintenant que tout se joue.

—Sur le banc d'en face.

Je ne la vois pas mais j'entends sa surprise. Je sais qu'elle me regarde sans comprendre, ou plutôt sans oser comprendre ce qu'elle comprend.

—Sur le banc… ?

—Figurez-vous que j'ai suivi vos conseils.

Je préfère la brosser dans le sens du poil.

—Vous ? Ça m'étonnerait…

Elle est maligne, Angéla, elle connaît la vie, et surtout elle me connaît sur le bout des doigts. Trop, en fait. J'entends qu'elle s'assoit… c'est rare et mauvais signe. La bataille va être rude.

—Eh oui, je ne suis pas aussi têtu que vous le pensez..., ai-je fanfaronné pour masquer mon appréhension.

—Arrêtez de vouloir m'emberlificoter! Vous dites que vous l'avez trouvé sur le banc d'en face... or sur le banc d'en face, quand je vous ai quitté vendredi dernier, il y avait ce SDF... et pas de jardinier que je sache.

—Ah, mais ça, c'est parce que vous n'êtes pas au courant que c'est justement le SDF qui a fait mon jardin.

—Vous n'avez pas laissé ce clochard rentrer chez vous?!

—Non seulement il est entré, mais il a jardiné et nous avons même dîné ensemble.

Là, je n'aurais pas dû faire allusion à notre soirée. Je suis allé trop vite. D'ailleurs, la riposte arrive aussi sec.

—Mais vous êtes fou! Vous vous rendez pas compte... J'appelle votre neveu pour qu'il vous remette les idées en place ! crie-t-elle comme une possédée tout en se levant pour se saisir du téléphone.

Je l'interromps sèchement et mon ton l'arrête net. Elle bout littéralement, je le sais à sa respiration qui s'est accélérée et au son de sa voix qui descend d'un ton. Elle parle moins vite, elle pèse ses mots. Elle m'en veut sûrement d'avoir élevé la voix mais elle revient pour écouter, comme je l'en ai prié, le résumé des événements de ces derniers jours. Plus poussée par la curiosité que par l'obéissance, j'en suis sûre. De fait, elle attaque la première :

—C'est pour ça que vendredi vous n'avez pas arrêté de me demander si le SDF était encore là... Vous aviez votre idée, je suppose?

—Oui et non... enfin, c'est un hasard, disons. Je suis sorti me promener et me suis assis sur le banc. C'est comme cela que j'ai fait sa connaissance. Avant que vous ne hurliez, je vous signale que ce monsieur s'appelle Alain, qu'il est très bien élevé et fort sympathique.

—Ben voyons! Un petit vieux aveugle vient le trouver et que voit-il, lui qui y voit clair? Un pigeon et un gros, et bien niais par-dessus le marché.

Je préfère ne pas répondre.

—Il a travaillé dans l'import-export avant d'avoir sa propre affaire en Asie.

—Qu'il dit !

—Je le crois. Il est rentré en France récemment et évidemment n'a plus de travail.

—Évidemment ! Et un type qui aurait eu un business passerait son temps sur un banc ? Il a pas de chez lui ?

Je ne peux pas broder sur le peu que je sais, alors j'invente :

—Il cherche un logement et un travail justement... Cela dit, il s'y connaît en jardin il en avait un très grand, c'est pour cela que je lui ai demandé de faire le jardinage ici quand je l'ai revu le surlendemain sur le banc.

—J'suis pas surprise que vous l'ayez revu, ce zigoto. Il passe sa vie sur ce fichu banc, ça vous paraît pas bizarre ?

J'élude la question.

—Je vous dis qu'il est venu rôder et voir ce qu'il y a à voler ! Et je dis qu'il faut en informer votre neveu qui saura quoi faire.

—Angéla, je ne vous autorise pas à rapporter mes faits et gestes à mes neveux. Vous agissez avec moi comme si vous pensiez que je n'ai plus mes esprits... J'ai toute ma tête, oui ou non ?

—Pas toujours si vous voulez mon avis. Pardonnez-moi, mais vous êtes une proie facile, sans vouloir vous vexer.

—Bon, je suis encore libre de faire ce que je veux, et d'ailleurs il va venir tout à l'heure finir le jardin de derrière.

Je l'entends se lever d'un bond.

—Ah ! parce qu'il va revenir ! Et moi, vous avez pensé à moi ? Vous allez nous mettre en danger avec vos bêtises !

—Arrêtez de proférer des stupidités. Comme ça, vous le connaîtrez et vu que j'ai une grande confiance en votre jugement, je suis sûr que vous pourrez vous faire votre propre opinion et tomber finalement d'accord avec moi.

Je sens que le compliment a fait son effet.

—Mais attention ! Ne le traitez pas comme un malpropre.

—Ça me plaît pas toutes ces manigances mais, comme vous dites, je verrai bien à qui j'ai à faire. Il arrive quand votre SDF ?

—Il s'appelle Alain ! Il devrait être ici à 10 heures.

—Ah oui ? Vous allez voir que je vais vous le surveiller celui-là ! Et de près.

C'est loin d'être gagné. Lorsque Alain arrive, évidemment, Angéla accourt.

—Alain, je vous présente Angéla.

—Bonjour, madame.

—B'jour.

Et la voilà qui commence à agiter son chiffon sur les meubles autour de nous pour écouter notre conversation, je suppose. Comme elle m'énerve à vouloir nous espionner, je trouve un prétexte pour l'entraîner vers le bureau.

—Bon, Alain, je vous laisse au jardin, j'ai besoin qu'Angéla m'aide à mettre mes papiers à jour. Prenez le balai et la pelle, Angéla, j'ai fait des bêtises ce matin !

Je m'assois dans le fauteuil, face au bureau tandis qu'elle ramasse le bazar sous le bureau puis décachette les trois lettres et m'informe du contenu. Rien d'intéressant. EDF, SFR et une circulaire de la commune.

—Il y a un papier sur l'imprimante, Angéla, pourriez-vous me le lire ? Je dois le signer.

—Je soussigné, Claude, etc., demeurant à... donne tous pouvoirs à mon neveu Patrick... né le..., à... pour vendre ma propriété, sise au..., à... et le désigne comme unique bénéficiaire de ladite vente, etc.

Je n'entends plus la suite tellement j'en suis estomaqué.

—Vous voulez vendre ? me demande-t-elle, étonnée.

—Bien sûr que non ! Vous êtes sûr que vous avez bien lu ?

—Certaine.

Je suis totalement abasourdi. J'avais une confiance – aveugle justement ! – en mes neveux. Plus en Serge qu'en Patrick, mais tout de même, c'est une terrible trahison.

—Vous voulez vendre et tout donner à Patrick, me demande-t-elle, outrée ?

—Pas le moins du monde ! La nature humaine, Angéla… l'appât du gain, ça vous transforme un neveu en qui vous aviez pleinement confiance en un gredin sans morale… J'ai un besoin urgent d'aller chez le notaire.

Alors il en est à faire ce genre d'horreurs. Je prends mon téléphone, fais défiler la liste des contacts et quand la voix métallique arrive au nom de mon notaire, j'appuie sur la touche. Après avoir pris rendez-vous, je téléphone au service de taxi puis retourne dans le salon pour écouter *Le Sacre du printemps* de Stravinsky… j'ai besoin de légèreté et de candeur… Cette nouvelle m'a secoué.

Le téléphone sonne, c'est Serge.

—On a une surprise, mon oncle. Je ne sais pas si tu as déjà lu mon mail, mais on va venir te voir le dernier samedi du mois. Je n'ai pas encore eu Patrick au téléphone mais je suis sûr qu'il se débrouillera pour être là aussi avec sa femme. Qu'est-ce que tu en dis ?

Hier, j'aurais sauté au plafond, maintenant, je me pose des questions… ma confiance est totalement ébranlée. Franchement, il faut que Patrick ait un besoin urgent d'argent. Il n'a guère longtemps à attendre avant d'hériter… je me demande si Serge est de mèche ? On verra quand ils viendront. Je vais les tester. Je raccroche et suis aussitôt distrait par Angéla qui espionne Alain par la fenêtre pour me commenter ses faits et gestes :

—Il veut se faire bien voir ! Il travaille dur. Remarquez depuis le temps qu'il ne fait rien… ça peut pas lui faire de mal de s'échiner à la tâche. Il en a fini avec les feuilles mortes. Faut dire que votre marronnier, il en fait des saletés… Ah, le voilà qui s'attaque aux plates-bandes maintenant. Il désherbe.

Je l'écoute d'une oreille, je repense à mes neveux. Un moment passe, puis Angéla m'interpelle à nouveau :

—Maintenant, il taille la glycine de la tonnelle… c'est pas un mal… ça doit être qu'il sait que je le regarde et qu'il peut pas laisser les choses sans être faites et vous demandez de l'argent pour rien.

—Mais vous voyez le mal partout ! je m'écrie de mauvaise humeur.

—Je suis méfiante, c'est tout. Si vous pouvez même pas faire confiance à la famille, alors imaginez un inconnu…

—Qu'est-ce que vous pensez justement de la lettre de Patrick ?

—Il a dû songer à votre bien, je suppose, mais tout de même, garder tout pour lui, c'est pas beau. Et puis c'est pas à lui de faire la démarche. Si vous voulez vendre…

Je l'interromps énervé :

—Mais je ne veux pas vendre !

—C'est pas mes affaires, mais j'en dis qu'ils doivent être préoccupés de vous savoir loin et seul… s'ils savaient que le SDF est chez vous.

—Il est juste venu faire mon jardin.

—N'empêche que, maintenant, il sait que vous vivez seul et que vous êtes aveugle par-dessus le marché.

Je renonce à argumenter. Angéla se fie aux apparences : elle a vu cet homme sur le banc d'en face et c'est fini. Il est catalogué comme « suspect ». Je ne lui en veux pas, mais elle ne va pas me faciliter les choses. Je suis certain que mes neveux lui téléphonent de temps en temps et s'ils lui posent des questions… elle ne mentira pas. Je vais prendre mes précautions.

Je descends les marches du perron qui mènent au jardin de derrière et je vais à la rencontre d'Alain.

—Alors Alain, où en êtes-vous ?

—J'ai presque fini… je n'ai plus qu'à arroser.

—Parfait. Vous aurez fini avant midi ?

Il faut qu'il parte avant Angéla pour qu'elle constate qu'il ne reste pas.

— Je suis désolé, Alain. Je vais devoir reporter notre déjeuner, mais…

Pour atténuer le fait que j'ai annulé notre gueuleton de ce midi et surtout pour qu'il ne pense pas que, maintenant qu'il a fait le jardin, je ne veux plus le voir, je précise :

— … passez vers 18 heures… prendre un verre et merci pour le jardin… Angéla me dit que vous avez été efficace !

— Si elle le dit ! rétorque-t-il ironique… je dois prendre ça pour un compliment, je suppose, ajoute-t-il avec une pointe de défi dans sa voix qui est devenue d'un coup, blanche, vide d'expression.

J'en déduis qu'il a remarqué l'animosité d'Angéla à son égard ce matin. Il doit croire qu'elle m'a raconté qu'elle l'avait vu sur le banc, et donc que j'ai changé d'avis à son sujet.

ALAIN

Je suis sûr que cette femme de ménage lui a dit que je traînais sur le banc… Le pauvre vieux doit être embêté et ne plus savoir comment se défaire de moi. C'est pour ça qu'il m'a dit de venir prendre un verre… payer sa dette envers moi pourvu que je disparaisse après. Pourtant, il avait l'air différent… j'ai plus le cœur à l'ouvrage. Je regarde ma montre. Ça va, j'en ai pour maximum un quart d'heure. Quand j'ai fini d'arroser, je range tous les outils, je mets les sacs sur le trottoir. Je me penche pour partir sans prendre congé, mais un reste d'éducation me fait remonter l'allée en gravier au pas de charge. Je tambourine à la porte et c'est le dragon qui répond :

— Qu'est-ce que c'est ?

— J'ai fini. Vous pouvez fermer à double tour maintenant ! ai-je balancé d'un ton cinglant tout en lui adressant un petit salut narquois en guise d'adieu.

Puis je me suis barré en dévalant le perron et sans avoir pris la peine de refermer la porte d'entrée derrière moi. J'aurai au moins eu la satisfaction de lire la gêne dans son regard de sainte-nitouche effarouchée lorsqu'elle a compris mon sous-entendu. Je l'entends de loin qui transmet le message à Claude, lequel crie de son fauteuil :

— J'arriveeeee !

Et tandis qu'il descend les marches du perron, je me retourne pour lui crier d'aller se faire voir… Mais mon regard est accroché par cette canne qui se balance à toute vitesse de gauche à droite tellement il est pressé de me rejoindre pour être sûr d'avoir été pardonné. Il me fait pitié. À mon tour de le fixer avec mépris. Dommage qu'il ne me voit pas, mais la sainte-nitouche, elle, elle me voit sûrement et elle ne perdra pas une miette de la scène qu'elle va s'empresser de répéter et de transformer. J'observe, cynique, comment il accommode ses petits pas hésitants en fonction du terrain. Je ne fais pas un geste pour aller vers lui. Je le laisse avancer et je me sens vainqueur.

— Alain ? Je vous raccompagne ! dit-il sans être bien sûr que je sois encore là.

Je le nargue encore un peu en prolongeant le silence et son doute, puis je lâche du mou, je joue avec lui comme le pêcheur avec sa prise. Il est si ridicule à vouloir faire preuve de courtoisie à mon égard.

— Ce n'est pas la peine ! dis-je froidement.

Pourtant, je ne pars pas. Je reste rivé comme si l'histoire n'était pas encore finie. J'ai peut-être juste envie de savoir quel prétexte ou mensonge il va me sortir pour ne pas perdre la face et gagner sa sacro-sainte tranquillité d'esprit. On ne s'échange pas un mot jusqu'à ce qu'il arrive enfin au portillon où je suis resté planté à le regarder s'avancer. Il me touche, mais je me dégage.

— Je suis désolé… j'aurais aimé qu'on déjeune ensemble, mais… c'est juste que je n'ai plus la tête à ça, je dois aller chez mon notaire de toute urgence.

— Vous n'avez aucune obligation envers moi… vous pouvez rassurer votre femme de ménage, elle ne me verra plus par ici.

Et j'attrape le portillon pour l'ouvrir. À ce moment-là, il envoie son bras devant lui et m'attrape fermement.

—Ne vous méprenez surtout pas, Alain... Il ne s'agit pas de vous... Écoutez, revenez ce soir... nous parlerons.

—Au revoir, Claude ! Ça a été un plaisir de vous connaître.

Et je m'élance dans la rue, furibond... et triste. Encore plus triste que furibond. Le pauvre vieux! Comment pourrais-je lui en vouloir? Il est vulnérable... il doit avoir peur maintenant de savoir que je ne suis pas un chômeur normal, mais un type qui passe ses journées sur un banc. Je marche à toute vitesse vers le foyer. J'ai besoin de prendre une douche. Me laver de l'ostracisme qui m'environne... si j'avais su qu'un jour une femme de ménage aurait son mot à dire sur le sens que prendrait ma vie! J'en aurais ri aux larmes mais pas aujourd'hui. Aujourd'hui, je replonge dans ma détresse... Pourquoi m'avoir ouvert une porte, mon Dieu, pour me la claquer au nez juste après ?... J'arrive au foyer, je fonce à la consigne, récupère mon sac et pars aux douches. Ensuite, je planque mon sac sous mon lit et m'écroule au propre comme au figuré. Je ne souhaite qu'une chose, dormir. Fuir. Dormir.

Je me réveille en nage, regarde ma montre, il est 16 heures... et on est mardi. J'ai jusqu'à jeudi soir 18 heures pour que ma vie reprenne en allant faire la plonge. Je n'ai plus envie. Je n'ai plus envie de rien. J'ai mal. J'ai honte. Je ne pourrai plus m'en sortir. Je n'en ai surtout plus envie. À mon âge, qu'est-ce qui m'attend ? Un boulot de misère, un loyer de misère... Mais qu'est-ce que j'ai cru? J'ai nettoyé son jardin et voilà. De toute façon, qu'aurais-je fait d'autre pour lui? Rien, sa baraque est nickel. Je n'ai plus rien à voir avec lui, en fait. C'est ma faute. Je n'ai pas vu la réalité. Et ma réalité maintenant, je n'en veux plus. Alors d'un coup, je me lève, je laisse mon sac sous le lit. Là où je vais, je n'en ai pas besoin. Et je marche. J'attends la nuit pour faire ce que j'ai à faire. J'ai besoin de l'obscurité pour accomplir mon geste, alors en attendant je marche. Et comme je suis un mouton, je marche dans les rues que je connais... je pourrais en prendre de nouvelles, découvrir encore un peu, mais c'est trop tard. Soudain, je me retrouve nez à nez avec la femme battue. Je ne suis pas surpris, elle si. Par contre, ça m'est égal aujourd'hui. Parce qu'aujourd'hui, je me fiche de tout. Pourtant, je lui adresse la parole. Un réflexe sûrement.

—Moi, je n'ai plus rien à attendre de la vie... mais vous, vous êtes encore jeune et jolie. Alors quittez cette ordure qui vous bat !

Et sans un mot de plus, je reprends ma marche, droit devant.

J'entends un claquement de talon précipité.

—Qui êtes-vous ? ! Comment savez-vous qu'il me... enfin que... ?

Je crois que c'est l'incongruité de la question qui me fait stopper.

—J'ai tout vu !

—Vous avez tout vu... ?

—Oui, et ce n'était pas beau à voir, croyez-moi. Alors barrez-vous ! Voilà, c'est tout ce que j'avais à vous dire, en fait... C'est pour ça que je vous ai suivie... mais soyez tranquille, je ne vous embêterai plus.

Et je repars à toute allure. Mais les talons se rapprochent à nouveau.

—Je n'ai nulle part où aller... c'est pour ça que je reste...

Je m'arrête brutalement et je lui parle durement :

—Ce n'est pas une raison ! Portez plainte, allez dans un foyer... débrouillez-vous ! Relevez la tête, nom de Dieu !

Et je m'en vais. Pris d'une idée, je me retourne, je la vois encore immobile, alors je lui crie :

—Si vous avez un problème, allez frapper à la porte de la maison voisine. La petite maison à côté de chez vous ! Un vieil homme y vit, il est gentil..., je rajoute bien malgré moi.

Et je ris ! Je lui joue un mauvais tour au vieux mais...

on sait jamais. D'une femme battue, il ne devrait pas avoir peur et Angéla… Ah ! Angéla ! elle se fera un devoir de l'aider ! et je ricane méchamment.

Puis subitement, je rebrousse chemin. Je vais en finir ce soir, alors je peux bien prendre le temps finalement. Et je la suis. Pourquoi ? Je n'en sais rien… En fait, si. Je palpe ma poche et je sens l'enveloppe pleine de billets. Je transporte toujours mon petit pactole, c'est plus prudent. Mon adrénaline me donne des ailes. Voilà, c'est ça. Cassez la gueule à ce mec et en finir… j'espère qu'il va en finir avec moi, en fait. J'attends qu'une personne rentre dans l'immeuble et je m'engouffre à sa suite. Je monte au premier, si mes calculs sont bons, c'est au premier à gauche. Je sonne et laisse mon doigt appuyé sur la sonnette. Elle ouvre, me reconnaît et ne comprend rien. J'ai juste le temps de réaliser ce que je viens de faire parce que j'entends une voix d'homme.

— C'est qui ?

Elle répond :

— Je ne sais pas, chéri !

Ses yeux écarquillés me supplient. Elle est incapable de cacher son immense frayeur, si grande qu'elle déborde d'elle pour me serrer la gorge… Cette panique muette qui s'empare d'elle est tellement réelle que le bon sens revient et je lui parle le plus calmement possible :

— Madame Legendre ? ai-je demandé en me rappelant un nom lu sur une boîte aux lettres et en haussant le ton pour que la brute épaisse entende tout. Puis je lui glisse mon enveloppe dans la main et murmure. C'est tout ce que j'ai, partez d'ici.

— C'est au-dessus ! me répond-elle sans comprendre, sans savoir ce qu'il y a dans l'enveloppe, mais j'ai eu le temps de noter qu'elle la glisse dans sa poche en vitesse avant de me claquer la porte au nez. Je reste prostré un moment tandis que je l'entends crier :

— Quelqu'un pour Mme Legendre !

Aussitôt je m'en veux. Si ça se trouve, à cause de moi,

elle aura des ennuis... Je pensais qu'elle serait seule à cette heure-ci. C'est pas normal qu'il soit chez lui, à moins qu'il ne soit malade. Je m'esclaffe. C'est bien ma veine ! Moi qui comptais sur lui pour me casser la gueule. J'espère ne pas l'avoir mise en danger. J'attends une demi-heure sur le demi-palier de l'étage supérieur au cas où j'entendrais des cris, mais non. Alors je m'en vais. Je passe devant chez Claude. Il est 18 h 20. Je continue mon chemin. Allez savoir pourquoi, je repars en sens inverse :

—Je peux bien prendre un dernier apéritif! ai-je décrété, falot.

Un quart d'heure plus tard, je me trouve devant chez Claude et, tel un automate, je refais le chemin de l'après-midi à l'envers : je pousse le portillon, le referme et remonte l'allée de graviers. Je sonne et je l'entends qui me crie d'entrer. Il n'a pas l'air fâché, plutôt soulagé. Je n'ai pas envie de m'excuser.

—Je suis bien content que vous soyez venu, Alain, venez.

Et il se lève avec son bâton. On va dans la cuisine où il prend une bouteille d'eau fraîche du réfrigérateur avant d'ouvrir la porte du jardin de derrière. On se rend à la tonnelle en silence. Je suis sûr qu'il sait déjà que je vais mal. Je me sens comme nu, mais pas à poil, sans fringues. Non, je me sens nu, radiographié, scanné par un radar. En fait, je ne peux rien lui dissimuler. Quelle ironie ! Ne rien pouvoir cacher à une personne qui ne voit pas. Mais ce soir, ça m'est égal... il n'est plus temps de faire semblant.

—J'ai tout préparé..., dit-il alors qu'on arrive à la tonnelle et que j'aperçois son panier – déjà préparé – qui trône sur la table. Que prendrez-vous ?

Il m'attendait. Jusqu'à quel point était-il sûr que je passerais ? Je regarde ce qu'il y a dans le panier.

—Un perroquet fera l'affaire.

Je lui sers la même chose et je m'assois.

—À la vôtre ! je claironne, provocateur.

—À notre amitié ! répond-il du tac au tac avec, pourtant, une intonation légèrement accablée.

Oui, il est accablé notre petit vieux ce soir. Je ris et avale la moitié de mon verre.

—Je vous dois une explication, Alain.

—Je n'ai pas vraiment envie d'entendre ce genre de banalités ce soir.

Je lui ai répondu avec un ton agressif et je m'en veux aussitôt, mais mince! il m'a quand même congédié comme un malpropre tout à l'heure et ce sont des choses qui font mal, qui détruisent...

Il continue :

—Voyez-vous, je viens d'apprendre que l'un de mes neveux –peut-être bien les deux, je ne sais pas encore – essaye de me rouler et de m'envoyer croupir dans un hospice. Il a essayé de me faire signer la vente de ma maison et d'empocher l'argent. J'ai été sous le choc, je n'avais plus la tête à ripailler.

—Désolé...

Zut! c'est vrai que je n'ai pensé qu'à moi dans l'affaire mais bon, je ne vois pas le rapport. Ce n'est pas parce qu'on a une mauvaise nouvelle qu'il faut envoyer l'autre paître. Bon, je suis de mauvaise foi. Il y a des circonstances qui vous coupent l'envie, c'est vrai, mais il y a façon de faire.

—J'ai été un peu cavalier avec vous tout à l'heure, mais j'avais mes raisons...

Et le voilà qui m'explique que son Angéla est cul et chemise avec ses neveux et que c'est une brave femme mais un peu obtuse. Et que voir un étranger chez lui l'a affolée et qu'elle est prête à remuer ciel et terre pour le protéger... vu qu'il est aveugle, vieux et seul. Elle pense que tout le monde veut l'arnaquer.

—Donc, j'ai préféré vous demander de partir avant elle parce que ça l'a calmée et j'espère qu'en agissant ainsi elle ne va pas téléphoner à mes neveux... à votre sujet et au mien aussi ! Vous comprenez, je n'ai pas envie qu'ils me collent dans une maison sous prétexte que je perds la boule. Elle me prend pour un gamin et juge que je ne sais pas jauger les gens.

Il ne m'a pas dit que sa femme de ménage m'avait vu sur le banc, il me ménage et ça m'énerve, en fait, cette hypocrisie. Je reste silencieux. J'hésite entre partir tout de suite ou lui balancer la vérité. La vérité.

—Je suis un SDF et ça fait plus d'un mois que je passe mes journées sur le banc en face de chez vous, dis-je en me levant. Et votre Angéla, elle m'a vu à chaque fois qu'elle venait travailler chez vous et elle m'a reconnu ce matin. Je me suis dit que peut-être elle aurait un brin de bonté si elle avait souffert tant soit peu dans la vie, qu'elle comprendrait, mais non ! Les préjugés ont la vie dure ! Tout comme moi d'ailleurs, et j'en ai ma claque maintenant.

Et avant de partir, j'ai envie de le narguer.

—Au fait, je suis rentré chez vous un soir et j'ai dormi sous votre tonnelle. Ici même ! lui ai-je asséné tout en frappant la table avec ma main.

—Je sais, réplique-t-il simplement. J'ai entendu le portillon cette nuit-là... une seule fois... et pas mal de branches craquer. Vous n'avez pas été très discret. Je dois vous avouer que j'ai eu la frousse. Alors le lendemain, j'ai été vérifié et j'ai constaté que quelqu'un était bien rentré et avait passé un moment ici, car il n'y avait plus de feuilles mortes sur la table et une partie du banc.

Son aveu – prononcé d'un ton presque indifférent – fait plus que tous les discours moralisateurs du monde. Il me surprend totalement. Moi qui croyais qu'il ne savait rien.

Il rajoute plus pour lui-même que pour moi, car il semble être à des lieues d'ici.

—Mes parents avaient construit cette rotonde pour abriter leur amour, comme ils disaient... Je les trouvais ridicules et je n'ai jamais compris ce qu'ils sous-entendaient. Que voulez-vous, cette sorte d'amour n'ayant jamais fait partie de ma vie, ou tellement si brièvement. Si vous avez su apprécier ce lieu, j'en suis content. Avant de partir, Alain, ça vous ennuierait de me resservir un pastis ?

Je le sers.

—Allez ! reprenez-en un dernier avec moi... on a passé de bons moments ensemble, ce serait dommage de se quitter fâchés... je vous présente des excuses si je vous ai froissé... ce n'était pas mon intention. Je m'en fiche que vous viviez sur un banc pour la simple et bonne raison que je l'ai toujours su.

C'est peut-être le vide qui m'attend qui me fait me rasseoir et me resservir. Je bois une gorgée, puis plusieurs. Je m'énerve contre moi-même mais il interrompt le cours de mes pensées :

—Vous savez, Alain, je suis aveugle depuis soixante-quatorze ans. Je vis dans l'obscurité, autonome, mais dépendant du bon vouloir des autres pour les détails de ma vie et je sais ce que c'est que le désespoir... À la différence de vous, moi, j'y suis habitué... J'ai souvent pensé au suicide mais même pour ça, j'aurais dû demander de l'aide... alors je me suis résigné et j'ai décidé de vivre avec mon jeu de cartes. C'est dur la plupart du temps mais j'ai eu des moments de joie... comme vous rencontrer et pique-niquer avec vous.

Je réplique, la gorge serrée :

—Moi, je n'arrive pas à me résigner... et il n'y a rien qui m'attende demain, sinon une vie de minable.

—Parce que vous n'avez plus de travail, plus de maison, vous jugez que c'est le moment d'en finir ?

Il m'a surpris... j'allais protester, mais pourquoi mentir ?

Puis il me demande :

—Répondez-moi franchement, changeriez-vous votre vie pour la mienne, même maintenant ?

J'ai honte subitement. Honte, vraiment honte. Heureusement il n'insiste pas, mon silence équivaut à un aveu.

—Étiez-vous si heureux, avant, au point d'être certain de ne jamais pouvoir reprendre le chemin ?

—Je n'étais peut-être pas heureux tous les jours, comme tout le monde, mais j'avais un but, des projets, une famille, un business... L'idée de vieillir aux côtés de quelqu'un et voir des petits-enfants se chamailler autour de moi, leur faire découvrir des choses comme la bicyclette, les étoiles filantes, leur acheter une glace, leur raconter une histoire... Je me tais. Maintenant, je n'ai rien ! Plus de famille, plus de maison, plus d'argent. Plus de raisons de vivre. On me traite comme un pestiféré et le regard des autres me dit tout ce qui me manque et que je n'aurai jamais plus... Au moins, vous, vous ne subissez pas le regard des autres... – Il a la bonne grâce de rire – ... et j'ai même peur de la nuit... C'est pour ça que j'étais rentré chez vous... parce que votre maison me rassurait.

Le silence tombe. Je viens de réaliser que tout ce que je rêvais de faire, lui ne l'a jamais vécu... mais je n'y peux rien.

—Vous avez dit que vous aviez voyagé... ?

Il essaye de me faire parler, pour me garder un peu plus longtemps auprès de lui, mais pourquoi pas après tout ? J'ai tout mon temps.

—J'ai vécu en Europe, Moyen-Orient, Amérique du Sud mais surtout en Asie. J'ai voyagé un peu partout aussi pendant les vacances... On partait avec ma femme... elle aimait ça.

Je revois tous ces lieux où j'ai vécu, la rue de mon restaurant *La Perle d'Orient*, ma maison, ma femme, les rires et les disputes... jusqu'à la dernière.

— Ma femme avait deux jeunes enfants quand je l'ai rencontrée. Je me suis marié tard... j'étais un célibataire endurci comme on dit. J'aurais dû le rester ! Je n'en serais pas là aujourd'hui... C'était une Thaïlandaise. Elle avait dix-huit ans de moins que moi... ça aurait dû suffire à me faire réfléchir, je sais, tout le monde me l'a dit. On a vécu sept ans ensemble. Elle n'était pas vraiment belle, plutôt féminine et gracieuse, toujours gaie et disponible. Elle s'occupait de la maison, me rendait heureux et ses enfants étaient gentils. J'avais mis pas mal d'argent de côté en tant que célibataire. Nous avons acheté une maison... superbe, au bord de la mer. C'était le paradis, j'étais heureux et je m'imaginais vieillir ainsi... Le restaurant marchait bien et on vivait très confortablement. Je n'ai pas écouté les conseils discrets, bien qu'embarrassés, des autres expatriés : « Fais attention, ces femmes se marient pour le passeport puis elles te laissent après t'avoir dépouillé. » C'est exactement ce qui s'est passé. Elle a vidé le compte en banque avant que je ne comprenne ce qui m'arrivait... elle avait juste laissé assez pour un billet retour et l'équivalent de deux mille euros. Un soir, je suis rentré, les enfants étaient en vacances chez ses parents. J'ai vu mes valises dans l'entrée... elle était plantée à côté et m'a annoncé qu'elle voulait divorcer et elle m'a tendu un papier... je devais quitter les lieux. La maison était à son nom. C'était plus simple à cause des impôts. Elle avait choisi son moment, la garce ! On venait de vendre notre restaurant pour investir dans un petit complexe hôtelier, projet qu'elle a réalisé, derrière mon dos et en son nom propre. Légalement, je ne pouvais rien faire, alors... je suis rentré en France et je me suis retrouvé à la rue. Toute ma vie s'est envolée en quelques heures, tout ce que j'avais planifié, construit... hop! volatilisé! volé! elle m'a tout volé, ma vie, mon argent, mon courage, ma confiance, mes espoirs... jusqu'à mes rêves. Tout! Elle m'a tout pris.

Je me tais, étourdi par la démesure du vide qu'elle a engendré en moi, au plus profond de moi. Elle a ouvert un abysse sans fond dans lequel je sombre depuis un mois... un mois que je chute, me noie et m'asphyxie à la fois. Je vis une descente aux enfers qui n'en finit pas et la douleur revient comme repousse le foie d'un Prométhée enchaîné à son rocher.

—Je vais vous avouer quelque chose... J'ai pensé la tuer... j'ai imaginé mille façons de la faire périr, mais pour être honnête, l'idée de la prison ne me tentait pas vraiment, dis-je un peu ironique, surtout dans ces pays-là. J'ai découvert que je n'étais pas aussi courageux que je le croyais…

Je remarque que Claude me tend son verre.

—Ce soir est un bon soir pour boire, Alain… ça vous fera du bien.

Je lui obéis… Oui, j'en ai besoin. Je lui suis reconnaissant de ne pas me réciter le couplet : « Vous êtes encore jeune, vous pouvez recommencer, y croire, on peut toujours… » C'est parce que lui-même vit sans illusion qu'il ne me sert pas ces fadaises. Il n'a pas tort… Non, je n'échangerais pas ma vie pour la sienne, même maintenant. C'est dur, mais c'est vrai. Au moins, moi, je peux y mettre un terme à ma vie.

—Voilà comment j'ai atterri en face de chez vous, je dors et mange à l'occasion dans un foyer avec d'autres pauvres types et j'erre dans la journée pour ne pas devenir fou… Alors, vous savez, faire la plonge le week-end, pour avoir dans quelques mois le droit de vivre dans un trou à rat… non merci. Je suis un SDF, un SDF ! je crie. Et aussitôt, je me sens bête de m'être emporté… j'en ai assez.

—C'est donc ce soir que vous voulez en finir?

Sa question me prend par surprise… Posée comme ça, mon geste perd tout son sens, c'est comme s'il le banalisait.

—J'ai bien vécu. Ça suffira.

—Emmenez-moi avec vous, alors!

Je le regarde sans comprendre.

—Comment ça que je vous emmène?

—Si vous voulez vous tuer, emmenez-moi me suicider aussi.

—Mais vous avez perdu la tête?

—Pourquoi? J'ai quatre-vingts ans, je vis seul, moi non plus je n'ai pas d'espoir… contrairement à vous, je n'en ai jamais eu. J'attends ma fin et mes neveux aussi. Je dis des bêtises, ils ont l'air encore plus pressés d'en finir avec moi que, vous, de disparaître ! rajoute-t-il avec dérision.

—Hors de question. Je ne veux pas de votre mort sur ma conscience !

—Mais vous ne l'aurez pas sur votre conscience puisque je vous le demande… soyez magnanime… vous êtes le premier vrai ami que j'ai eu depuis le collège. Comment pensez-vous vous en aller ?

—Me jeter sous un bus.

—Eh bien, vous me tiendrez par la main. Ou vous me pousserez avant. Comme vous préférez.

Je n'ai bu que deux pastis, lui aussi. Peut-être est-il soûl ?

—Vous ne pouvez pas prendre cette décision en étant ivre.

—Je ne suis pas ivre, et d'une. Et de deux, qui vous dit que je n'y ai pas pensé aussi ?

—Pas question ! Je me suicide seul, un point c'est tout.

—Vous êtes égoïste.

—Pensez à autre chose… Je ne sais pas moi, des médocs et de l'alcool.

—Il me faudrait une ordonnance…

—Traversez la rue sans écouter…

—C'est risqué, si je n'y passe pas, je risque d'être paralysé et franchement, là, ça ne me plairait pas du tout. Je sais ! Je vais me jeter du parapet du grand pont… je ne sais pas nager, ça fera parfaitement l'affaire.

Mais il est fou, ce vieux ! Mince, voilà que je lui ai donné l'idée de se fiche en l'air ! J'avais bien besoin de me fourrer dans ce guêpier.

—Vous savez ce que je vais faire, Claude ? Je vais téléphoner à Angéla pour qu'elle rapplique illico et veille sur vous. Donnez-moi votre téléphone.

—Pas question !

Alain et Claude sursautent.

—Vous avez entendu, Claude ? murmure Alain sur le qui-vive.

—Oui, un cri de femme… Chut.

Encore un autre cri, plus fort celui-là. Je bondis hors de la tonnelle. Je le vois encore, ce monstre. Il est déchaîné et tabasse la jeune femme.

—C'est le voisin, Claude, il frappe sa femme… avec une ceinture. Bon Dieu, mais quel salopard celui-là ! Je vais lui casser la gueule avant de me foutre en l'air, je vous le dis !

Claude sort le téléphone de sa poche et appuie sur la touche 2.

—Police secours ? Venez vite, un homme bat sauvagement une femme. L'adresse ? me demande-t-il.

—Le 23. Premier étage gauche.

—Le 23 rue Alfred de Musset. Premier étage, gauche. Vite !

En attendant l'arrivée de la police, je décris à Claude ce que je vois. L'homme est allé à la porte-fenêtre, il regarde par ici, me voit puis actionne le volet qui se baisse lentement sur une autre misère. Une misère à deux pas de la nôtre.

—Pauvre femme ! Quel monde pourri…

Je retourne m'asseoir sous la tonnelle.

—On devrait manger quelque chose sinon on ne va pas avoir les idées très claires pour parler à la police…, s'inquiète Claude.

J'ouvre les cacahuètes et nous dévorons le paquet en trois minutes. Je vais au portillon et attends le véhicule de police qui arrive un peu plus tard et stationne au bas de l'immeuble, en double file. Je m'approche de la voiture mais reste à bonne distance pour ne pas que le flic sente que je transpire le pastis à plein nez tout en lui demandant s'ils ont pu intervenir. Juste à ce moment, une voix nous parvient par la radio.

—L'homme dit que c'est une erreur, que sa femme dort… On a demandé à entrer, elle était sous les couvertures. Encore une blague !

—Mais pas du tout ! je crie. Je l'ai vu et mon ami qui est dehors avec moi aussi. En fait, il n'a fait qu'entendre… il est aveugle.

—Écoutez, tout était calme apparemment.

—Je vous dis qu'il la battait et ce n'est pas la première fois !

—On ne peut rien faire si elle ne porte pas plainte… c'est vous qui avez téléphoné ?

—Oui.

—Pas la peine de rappeler. C'est la dame qui doit venir nous voir et faire constater… il nous faut des preuves… vous comprenez ?

Oh, oui, je comprends. Je comprends que notre société va à vau-l'eau puisqu'on s'occupe de respecter d'abord les procédures avant de secourir.

—Je note vos nom et adresse, au cas où elle ait besoin de témoins. Allez, retournez chez vous…

Je repars écœuré. Puis le dégoût fait place à l'inquiétude. Que va-t-il lui faire après cette histoire de police ? Il m'a vu… il est capable de venir chez Claude. Merde ! Je repars et j'aperçois Claude qui m'attend au portillon. Il est anxieux.

—Alors ?

—Alors, rien ! Elle doit porter plainte et montrer des preuves, dis-je en repoussant le petit portail. Il m'a vu.

—Qui ça ?

—La brute ! Il m'a vu par la fenêtre qui le regardait… J'espère que l'envie ne va pas lui prendre de venir frapper à votre porte. Il ne faudrait pas qu'il vous cherche des ennuis. Je vais rester ici jusqu'à demain, je rajoute subitement. Si ça ne vous dérange pas, Claude, je vais repasser une nuit sous la tonnelle… S'il vient, je serai là pour le recevoir. Et demain, vous et moi, nous irons au commissariat déposer une main courante, et après j'appelle vos neveux pour qu'ils vous éloignent d'ici un temps, et surtout vous m'oubliez.

Je ne sais pas pourquoi je fais tout ça ? C'est vrai, quoi ! J'avais projeté d'en finir… mais là, je suis bien obligé de reporter à plus tard… avec cette femme en danger et le vieux qui risque des problèmes à cause de ce cinglé d'australopithèque.

CLAUDE

Je ne vais tout de même pas laisser Alain dormir dehors avec deux chambres d'amis qui me servent à rien. J'ai un peu de mal à le convaincre mais il finit par accepter. Nous retournons à la maison et vérifions que tout est bien verrouillé. Je passe dans la salle de bains puis enfile mon pyjama. J'ai à peine fini de me brosser les dents que j'entends le timbre de la sonnette qui retentit à plusieurs reprises... Je ne comprends pas. Je n'ai pas entendu le portillon... le bruit de l'eau qui coulait sûrement. Je me dépêche de chercher ma canne puis me dirige vers le hall en criant :

—Voilà ! voilà...

Au moment où j'arrive dans l'entrée, Alain dévale l'escalier. Il s'approche de mon oreille et me chuchote :

—N'ouvrez pas pour l'instant.

—Qui est là ?

—Un voisin ! J'ai un gros problème..., hurle-t-il.

J'essaye de gagner du temps.

—Un voisin ? Mais... que se passe-t-il ?

—Ouvrez avec la chaîne, murmure Alain.

J'entrouvre avec la chaîne. Heureusement qu'Alain est là, je me sens plus rassuré.

—Qu'est-ce qui se passe ?

—C'est vous qui avez appelé la police ?

L'homme doit voir que je suis un homme âgé, mais comme je n'ai pas allumé, il ne peut pas deviner que je suis aveugle.

—On a entendu crier...

Je n'ai pas le temps d'en dire plus, Alain me pousse doucement sur le côté.

—Quel est le problème ? demande-t-il calmement.

—Le problème ? Le problème est que des flics ont débarqué chez moi parce que vous, ou votre abruti de père, les avez appelés en racontant des conneries, et ne niez pas, je vous ai vu de ma fenêtre qui épiait !

—J'ai appelé les flics parce que j'ai entendu crier et...

Je me tais à temps. Je ne veux pas qu'il s'en prenne plus à sa femme.

—Mêlez-vous de vos affaires dorénavant parce que je suis pas du genre à me laisser emmerder ! menace-t-il en frappant un grand coup sur la porte.

Sans plus, il repart à grandes enjambées nerveuses, car je perçois le rythme avec lequel il écrase furieusement les graviers de l'allée. Il n'a pas refermé le portillon. On se retrouve, Alain et moi, côte à côte dans le hall, la porte refermée.

—Qu'est-ce qu'on fait maintenant ?

—Rien. On attend demain.

—Merci d'avoir été là.

Alain a couru refermer le portillon, j'ai verrouillé la porte derrière lui et nous sommes repartis dans nos chambres. Je suis sûr qu'Alain ne dormira pas plus que moi, cette nuit. Vous me trouverez peut-être cynique mais je souris… au moins, maintenant, il pense un peu moins à quitter cette Terre. À 5 heures, je me lève, prends une douche, m'habille et vais dans la cuisine. Je me fais un café puis me rends au salon pour écouter la radio en attendant qu'Alain se réveille.

J'entends la douche couler, j'appuie sur le bouton de ma montre. 6 h 37. La douche s'arrête. J'entends des pas. Puis la porte qui s'ouvre. Il descend l'escalier doucement.

—Bonjourrrrr !

—Bonjour. Bien dormi ? raille-t-il.

—Comme un albatros en pleine migration… Un café ?

Il s'en va dans la cuisine, met la machine en route puis revient très vite de son pas énergique qui m'est devenu familier maintenant. Tandis qu'il boit en silence, l'odeur de café qui flotte renforce la plaisante sensation de ne pas m'être réveillé seul ce matin, malgré les circonstances plutôt sordides, je me laisse aller à savourer ce bref instant. Ce petit plaisir d'une matinée arrachée à ma solitude. Tout est bon à prendre, c'est un peu ma devise. Alain me sort de ma bulle de café et de ses sensations pour nous ramener à nos moutons :

—J'ai pensé à cette histoire de commissariat..., commence-t-il. Il y a un léger hic parce que, quand les flics apprendront que je suis un SDF, mon témoignage ne va pas peser bien lourd.

—Et si je déclare que c'est moi qui ai entendu les cris ? D'ailleurs, c'est de mon téléphone que l'appel a été passé.

—Ça ne change rien... vous ne pouvez pas avoir vu. De toute façon, le policier a été clair : tant que la femme ne porte pas plainte, ils ne peuvent rien faire.

Nous restons silencieux.

—Il faudrait savoir ce qu'elle devient, cette femme... Je suis certain que la brute va laisser le volet baissé, maintenant, reprend Alain, une pointe d'angoisse dans la voix.

—Je pourrais aller frapper chez elle? dis-je sans réfléchir.

Puis aussitôt, je me sens coupable. J'ai dit ça plus par égoïsme que par compassion pour l'inconnue du premier étage de l'immeuble de droite. J'ai dit ça pour garder Alain avec moi le plus longtemps possible. Pour qu'on ait un projet, ensemble, si petit soit-il, qui le retienne chez moi.

—Sous quel prétexte? Elle se méfie de tout, elle a peur... et qu'est-ce que vous lui diriez? Que vous êtes arrivé par le plus grand des hasards, à l'aveuglette justement, jusqu'au premier étage et chez elle précisément, se moque-t-il.

—Alors... il faudrait quelqu'un dont elle ne se méfie pas. Une autre femme ou un enfant... Corentin!

—Corentin?

—Je vais l'appeler.

—Il est en pleine révision du bac et vous vous voyez lui raconter une histoire sordide de voisinage ?

—On n'a que lui. Angéla ? Ça demanderait des explications et elle voudra m'éviter des ennuis. Et elle ne vient qu'après-demain. Ce sera trop tard.

—L'employée de mairie?

—Annabelle… elle ne passe que demain midi. Et puis elle risquerait d'ébruiter l'affaire avec ses collègues. Elle n'est pas des plus discrètes. Il n'y a que Corentin.

Alain se précipite sur mon ordinateur pour chercher le numéro de téléphone de « Jamoix Père et Fils ». À 9 h 05, j'appelle et invente un prétexte pour parler à la secrétaire. Un homme me répond qu'elle est malade.

—Elle doit être dans un sale état pour être restée chez elle… Au moins, on a la journée pour agir. Il est temps de téléphoner à Corentin, tranche Alain.

—Allô, Corentin ? C'est Claude.

Il est surpris. Encore plus lorsque je lui annonce que j'aimerais qu'il passe me voir dès qu'il peut, que c'est important.

—Qu'est-ce qu'on va lui dire?

—La vérité. S'il est intelligent comme vous le dites, il comprendra.

Alain repart se faire un café. Heureusement qu'on est mercredi. Je n'attends personne, on est donc tranquilles. À 9 h 20, un coup de fil nous fait sursauter. C'est Patrick. Je l'avais complètement oublié celui-là.

—Figure-toi que je vais être dans le coin vers midi, les affaires… je pensais déjeuner avec toi, me lance-t-il tout à trac.

Il croit sûrement me procurer une joie immense. Or, non seulement les choses ne sont plus ce qu'elles étaient, mais franchement, aujourd'hui, ce n'est pas le jour ! Je m'étouffe, je toussote, histoire de gagner du temps.

—Allô? Allô, mon oncle?

—Attends, je te rappelle, je n'entends pas bien.

Je raccroche précipitamment.

—C'est mon neveu Patrick, dis-je perturbé à Alain, il veut passer déjeuner et sûrement me faire signer.

—Dites-lui que vous n'êtes pas là.

—Et où je serais allé me promener tout seul? Vous en avez de bonnes.

—Écoutez, Corentin arrive à 10 heures. On parle avec lui. On organise quelque chose et vous êtes libre de recevoir votre neveu pour déjeuner.

—Je ne veux pas le voir.

—Alors dites-lui.

Il a raison après tout. Je le rappelle.

—Patrick? C'est Claude. Bon, ne te dérange pas à venir jusqu'ici... j'ai fait lire ton courrier et je ne signerai pas. D'ailleurs, ne te donne plus la peine de passer chez moi. Je te souhaite d'être heureux.

Et j'ai raccroché, étonné de ce que j'avais fait.

—Ça va, Claude? me demande Alain.

—Oui, ça fait bizarre... mais je me sens mieux. Triste, mais mieux.

Il y a une semaine à peine, ce coup de fil aurait fait de moi le plus heureux des hommes. Alain et moi écoutons la radio pour nous distraire. 10 heures sonnent à mon carillon, puis 10 h 15. Pas de Corentin. Je vais attendre la demie pour le rappeler. Enfin, le grincement du portillon nous fait bondir de nos sièges.

—C'est lui! confirme Alain qui s'est précipité à la fenêtre.

La porte s'ouvre, puis se referme en même temps qu'il claironne à mon intention, un « Bonjour » depuis le hall. Il arrive dans le salon et je sens immédiatement qu'il est intrigué par la présence d'Alain forcément, parce qu'il a marqué un temps d'arrêt avant de reprendre sa marche pour venir me serrer la main comme il le fait à chaque fois. J'en profite pour l'inviter à s'asseoir et sans perdre de temps, lui raconte tout : l'histoire de la femme battue, de la police, d'Alain qui est SDF sans papiers.

—Tu vois, c'est une situation délicate, ai-je conclu.

Je me sens si mal de lui avoir parlé de cette sale histoire à lui qui est dans la fleur de l'âge et qui devrait rêver à l'amour... Je le lui dis d'ailleurs. Puis je rajoute:

—On a besoin de toi.

—De moi?

—Oui, cette femme se méfie de tout le monde alors on a pensé à toi…

—Pourquoi?

—En fait, on s'est dit qu'un jeune lui inspirerait plus confiance qu'un homme de mon âge, explique Alain. Quant à Claude, il ne peut tout simplement pas débarquer chez elle. Ce que l'on voudrait, c'est qu'elle t'ouvre sa porte. Je me chargerai du reste.

—On veut simplement la faire venir ici pour lui parler…, je précise vite parce que les explications d'Alain peuvent prêter à confusion, surtout si Corentin l'a vu sur le banc lui aussi.

CORENTIN

—C'est ouf, cette histoire! Alors vous voulez que j'aille sonner chez elle pour qu'elle ouvre et après le S… euh, Alain se montrera et lui dira de venir chez vous? Je voudrais pas vous vexer mais c'est total n'importe quoi votre scénario.

—Pourquoi?

—Comment vous allez vous y prendre pour la faire venir? Et si son mari est là?

—Il est parti travailler. J'ai surveillé l'immeuble ce matin.

—Alors je lui raconte quoi à cette nana pour qu'elle ouvre et exhibe sa tronche toute boursouflée à un inconnu?

—Il faut absolument trouver quelque chose…, dit le prof.

C'est la première fois que je le vois stressé, le vieux! C'est quand même grave dingue, cette histoire… le SDF ici, et maintenant une *meuf* battue qu'il veut faire venir chez lui. Il a décidé de donner asile aux *cassos* ou quoi?

—Ce serait ma mère, il suffirait de lui dire que je me suis cassé la jambe et que je suis chez le voisin qui ne peut pas m'emmener à l'hosto, un truc du genre…

Le SDF me regarde, intéressé.

— C'est pas mal ça... Tu as raison, il faudrait qu'elle soit obligée de porter secours.

— Sauf que, si elle est amochée, elle voudra pas ouvrir et elle risque de nous dire de frapper à une autre porte. C'est ce que je dirais, moi.

Je les vois qui réfléchissent. Ça me fait marrer. C'est pas drôle, OK, mais c'est quand même *chelou* de vouloir obliger une nana à sortir de chez elle pour lui parler.

— Le feu ! s'écrie le prof.

— Quoi le feu ? questionne le SDF sans comprendre. Quel feu ? répète-t-il en regardant le vieux qui sourit comme un illuminé.

— On va lui dire qu'il y a le feu dans l'immeuble !

Mince ! Il pète total les plombs, le prof.

— Tu devras être convaincant, Corentin, me dit-il hyper sérieux.

— C'est ça ! renchérit le SDF, ça devrait marcher.

Sauf que ça me plaît moyen quand même cette histoire. Je veux bien aider le prof à sauver une nana, mais il n'a pas l'air de trop réfléchir aux détails.

— Ouais, mais si les autres locataires entendent..., je hasarde, histoire de leur montrer que leur plan est limite foireux pour l'instant.

— Tant pis, on prend le risque. Au pire, ça paraîtra plus vraisemblable, répond brut de coffre le SDF.

— Nan, mais c'est grave... si les pompiers arrivent, on leur dit quoi ?

— Si elle reste, il va finir par la tuer... Tu préfères quoi ? me balance le SDF de mauvaise foi.

Je le soupçonne de noircir le tableau. Je suis tiraillé entre l'énormité du truc et l'excitation de faire partie d'un complot.

Le SDF demande au prof les clés de la cave pour prendre une cordelette au cas où ils en auraient besoin... Mais ils sont grave partis à l'ouest ! C'est de la séquestration, ça !

— Mais… vous voulez l'attacher ?!

— Pour qu'elle nous écoute, Corentin, on ne lui veut pas de mal, explique le prof comme si c'était hyper normal tout ça.

— Ouais, enfin, je voudrais pas dire, mais ça va un peu loin.

— Écoute, une fois qu'elle sera ici, tu rentreras chez toi et tu oublieras tout.

Il en a de bonnes, le prof. Comme si on oubliait sur commande.

— N'empêche qu'elle nous aura vus et elle saura où vous habitez. En sortant de chez vous, elle ira direct porter plainte.

— Ça m'étonnerait… elle ne veut même pas porter plainte contre son mari ! se moque le SDF. Bon, tu acceptes ou pas ?

Je vais sûrement faire la plus grosse connerie de ma vie mais je me dis que si je suis là, je pourrai au moins intervenir au cas où ces deux barges iraient trop loin avec elle.

— OK ! je lui réponds. Mais pas de corde, c'est trop glauque… Elle va flipper grave, la nana, sinon. Elle vient de se faire tabasser et vous voulez l'attacher pour son bien ! Alors je marche, mais à cette condition.

Nous sortons dans la rue avec le SDF et filons en vitesse vers la porte de l'immeuble d'à côté. On poireaute un sacré bout de temps jusqu'à ce qu'une mamie sorte enfin. Elle nous regarde d'un air *zarbi* parce que le SDF a pas été discret : il a vite retenu la porte, à peine la vieille sortait. Puis on se rue vers l'escalier qu'on grimpe comme des malades jusqu'au premier étage.

— Vas-y ! me lance Alain qui s'aplatit contre le mur.

Si j'avais pas les jetons, j'aurais vraiment envie de rire à voir le SDF qui se croit dans un *James Bond*. Je prends ma respiration et essaye de m'imaginer qu'il y a le feu… Je compte jusqu'à trois et me mets à tambouriner comme un dégénéré sur la porte. Les yeux fermés. C'est mieux pour la concentration. Je cogne de plus en plus fort et sonne en même temps ! Ça me paraît archi-long avant, qu'enfin, j'entende des pas.

—Y'a le feu ! Vite ! Sortez…

Et pendant que je fais mon sketch de débile, Alain me chuchote de lui faire penser à prendre ses clés. Un point pour lui. Faut bien qu'elle puisse rentre après.

J'ai dû être convaincant au final parce qu'elle déverrouille la porte pour l'ouvrir en grand, prise de panique. Et là, j'ai droit à une vision archi-glauque, celle d'un mort-vivant sorti tout droit de la série *Buffy contre les vampires*. Elle est grave abîmée la *meuf*, et en plus, elle a peur. J'ai même pas le temps de culpabiliser de la blouser à ce point parce que, depuis qu'elle est en face de moi, je suis resté tétanisé et j'ai plus besoin de jouer la comédie tellement sa tronche me fait flipper. On dirait celle d'un boxeur après un match, sauf que c'est une nana. Machinalement, je continue, mais sans crier :

—Dépêchez-vous de sortir… y'a le feu.

Puis je fais comme si je me sentais mal. Ça m'évitera de devoir hurler et ameuter tout l'immeuble.

—Le feu ? Où ça ?

—Là-haut… vite… on a prévenu tout le monde, y'a plus que vous, je rajoute, des fois qu'elle voudrait alerter les voisins. Laissez tout en plan, prenez juste votre sac et vos clés !

Elle se saisit de son sac posé sur la commode de l'entrée, enlève les clés de la serrure et on dévale l'escalier avec le SDF sur nos talons. Elle se retourne même pas. On arrive dehors et bien sûr, on est seuls sur le trottoir.

—Où sont les gens ?

Encore un détail foiré ! Heureusement, je me trouve en veine d'inspiration aujourd'hui et je suis plus à un mensonge près :

—Chez le voisin. En attendant les pompiers.

Elle doit plus trop réfléchir depuis un moment la nana parce qu'elle me suit, hébétée… On pousse le portillon et on court jusqu'à la porte d'entrée que j'ouvre en grand. Et là, grosse surprise quand elle découvre un petit vieux assis seul dans son fauteuil.

—Bonjour, madame, dit le prof. Asseyez-vous.

—Mais… et les autres? Qu'est-ce qui se passe ?

À ce moment, elle se retourne et voit le SDF. Je sais pas pourquoi, mais de le voir semble la faire paniquer encore plus.

—Vous!

Elle se rue vers la porte d'entrée qu'elle essaye d'ouvrir. Le SDF lui montre alors une clé qu'il sort de sa poche. Il la nargue presque. Je la plains, la pauvre. Elle est total paniquée.

—Ne vous inquiétez pas, madame, on vous veut pas de mal. On veut juste vous parler, je lui dis pour la rassurer.

Elle me regarde sans comprendre mais je sais qu'elle m'en veut.

—Asseyez-vous près de moi, lui dit le prof qui pourrait quand même faire un effort pour être plus clair et pas la laisser s'angoisser autant. Voulez-vous un peu de thé, ou du café? propose-t-il bêtement.

—Je ne veux rien, je veux qu'on m'explique! hurle-t-elle. Non, en fait, c'est même pas la peine, je veux partir !

Il sait vraiment pas s'y prendre le prof. Qu'est-ce qu'il croit ? Qu'elle va s'asseoir, peinarde, en attendant sagement sa boisson comme dans un salon de thé. En plus, le prof en rajoute sans même s'en rendre compte ! Il lui balance tranquillement que ce sont eux qui ont appelé la police et qu'ils sont prêts tous les deux à témoigner.

—Mêlez-vous de ce qui vous regarde! braille-t-elle en se levant. Vous allez me faire avoir encore plus d'ennuis !

—Vous pensez que vous n'en avez pas assez? lui demande le SDF narquois.

—Vous! Taisez-vous ! Vous me suivez depuis des jours… Alors laissez-moi partir où je porte plainte!

—C'est ça, plaignez-vous! Et vous direz aussi que c'est moi qui vous ai mis dans cet état? dit-il en désignant son visage. Vous préférez vous faire tabasser et vous faire tuer un de ces quatre quand votre brute de mari tapera un peu trop fort?

—Ça me regarde ! Et si je pouvais mourir, ça m'arrangerait, figurez-vous!

—Vous voulez retourner avec ce psychopathe, c'est ça?

—Exactement! Je retourne chez moi.

—On veut juste vous parler, madame, les interrompt le prof.

—Laissez-moi partir maintenant ! crie-t-elle.

C'est chaud bouillant, là. Elle a vraiment la dégaine d'une folle. D'un coup, elle ouvre son sac et elle en sort une enveloppe qu'elle balance à la figure du SDF.

—Reprenez vos sous et fichez-moi la paix!

Puis elle me regarde durement et me crache à la figure:

—Et vous! Vous devriez avoir honte de mentir et de faire peur aux gens à ce point!

Alors je lui réponds du tac au tac:

—Si vous avez tellement envie de mourir, pourquoi m'avoir suivi? Hein? Vous n'aviez qu'à rester dans votre appart en attendant d'être brûlée vive.

Et là, un silence de plomb qui nous tombe dessus. On est tous tendus. Elle me regarde tristement tandis qu'elle murmure en se laissant tomber comme un poids mort sur le divan:

—Je ne sais même plus ce que je veux...

Le prof est le premier à réagir.

—Le cognac, Alain! Dans le placard où je range le pastis. Calmez-vous, mon petit. Nous désirons juste avoir une conversation avec vous, après vous franchirez cette porte et vous pourrez nous oublier.

—Non, je ne pourrai pas! Vous me faites du mal, vous ne vous en rendez même pas compte... je ne peux rien faire! Je n'ai pas d'argent et, de toute façon, il me retrouverait et ça serait trop dangereux.

—Vous n'êtes plus seule. On est tous les trois de votre côté. Corentin?

— Oui, m'sieur ?
— Si tu veux, tu peux rentrer chez toi… Merci.
— J'ai dit à ma mère que je révisais toute la journée chez un pote alors… je peux rester encore.
Le SDF revient avec quatre verres. C'est sympa. Il me considère comme un adulte, au moins. Il nous sert et franchement, c'est pas de refus parce que moi aussi j'ai flippé grave. Waouh ! Ça brûle le gosier, ce truc…
Je m'attendais pas à cette histoire de dingos. Si ma mère savait le quart du dixième de ce que j'ai fait depuis ce matin avec mon prof… et un SDF, en plus ! Je crois qu'elle serait bonne pour la camisole.
— Comment vous appelez-vous ? demande le prof à la femme.
— Carole.
— Moi, c'est Claude, je donne des leçons de piano à ce jeune homme qui s'appelle Corentin. Et Alain est un ami.
Ah bon ? Le SDF est un ami ? Ben voyons, alors comme ça, c'est un ami qui serait en vacances chez le prof et comme tous les amis, il passe son temps sur le banc d'en face. Il ment comme il respire, le vieux !

CAROLE
Mais qu'est-ce qui se passe ici ? Qui sont ces gens ? Et ce jeune, qu'est-ce qu'il fabrique avec eux ? Pourquoi m'ont-ils attirée ici ? Ils veulent me parler, mais de quoi ! De mon mari qui me bat ? Ils me font rire… ou plutôt, non, j'ai envie de pleurer et voilà… c'est parti, je pleure et ils sont là à me regarder avec leur air idiot… enfin pas le vieil homme. Lui, il ne voit rien. Je ne savais pas qu'il y avait un aveugle ici… et cet ami ? J'y comprends rien, je n'en peux plus, je n'en peux plus… L'ami est parti chercher une boîte de Kleenex qu'il me tend. J'en prends plusieurs, je me mouche bruyamment.
— Écoutez, laissez-moi tranquille, s'il vous plaît, je suis fatiguée…

—Je m'en doute, Carole. Voulez-vous vous reposer dans une des chambres là-haut. Vous êtes en sécurité ici.

—Non ! je hurle tout en me levant. Je veux m'en aller ! Vous ne savez pas dans quel pétrin vous m'avez mise en appelant la police. Avant, il ne m'avait jamais frappée comme ça. Jamais au visage, en tout cas. Regardez ! mais regardez la tête que j'ai ! et je regarde l'ami. Je ne vais pas pouvoir aller travailler pendant une semaine au moins et vous vous doutez que je ne vais pas aller voir un médecin pour un arrêt de travail ! Vous ne croyez pas que vous avez fait assez de dégât comme ça ?

—Désolé, on ne pensait pas..., dit l'ami.

Je l'interromps.

—C'est ça le problème... vous ne pensez pas. Vous intervenez sans réfléchir aux conséquences. Maintenant, vous allez me laisser gentiment rentrer avant que mon mari ne s'aperçoive que j'ai disparu.

—Il est parti travailler.

—Vous nous espionnez en plus !

—On s'inquiétait...

—Je pars..., dis-je tout en me dirigeant vers la porte, mais la voix du vieil aveugle m'arrête net tandis que l'ami me barre le passage.

—Il n'en est pas question ! Vous allez m'écouter d'abord, a tonitrué le vieil homme.

Je me retourne :

—Mais vous comprenez rien. J'ai peur ! c'est clair ? J'ai peur et vous me mettez en danger.

—Justement ! répond-il en se levant de son fauteuil.

Il est grand, je ne m'en étais pas rendu compte. Il a de la prestance. Un bel air de patriarche.

—Vous allez vous rasseoir, vous calmer et m'écouter. Je ne vous laisserai pas partir avant. Si vous voulez, le téléphone est là, vous pouvez appeler la police.

Puisque c'est le seul moyen d'en finir pour qu'ils me laissent tranquille... je m'assois en leur criant, agressive :

—Dites-moi ce que vous avez à me dire qu'on en finisse !

—Carole, reprend-il doucement.

Il a prononcé mon prénom si gentiment… ça faisait trop longtemps que quelqu'un ne m'avait pas parlé avec une telle douceur… tellement longtemps, que je ne peux plus arrêter ce torrent de larmes qui déborde de mes yeux gonflés par les coups.

—Depuis combien de temps cela dure-t-il ?

Il n'a pas dit : « Depuis combien de temps, il vous bat ? », mais j'ai compris et comme une enfant obéissante, je réponds :

—Depuis huit ans.

—Vous êtes mariée… depuis combien d'années ?

—Onze ans.

Il reste silencieux.

—Et vous pensez qu'il arrêtera ?

Je ne réponds pas mais je connais la réponse. « Non, plus maintenant. Je l'ai cru au début, mais je sais au fond de moi qu'il n'arrêtera jamais… »

—Et vous comptez rester mariée jusqu'à… ?

Il ne finit pas sa phrase, je ne sais pas s'il veut dire « Jusqu'à ce qu'il vous tue par accident » ou « Jusqu'à ce que mort… naturelle… vous sépare » ? Quelle mort ? Celle de mon mari ou la mienne ?

—Vous vous voyez passer les trente prochaines années de votre vie comme ça ?

—Je ne pense pas ! Je pense à rien ! Je n'arrive plus à penser… je vis au jour le jour… je suis paralysée… je n'ai pas de famille, pas d'amis. Je suis à sa Merci.

—Vous avez un salaire, vous pourriez partir…

—Vous croyez que je n'y ai pas pensé ? Mon salaire est versé sur son compte et je n'ai pas de procuration. Il me donne l'argent dont j'ai besoin tous les jours. Et si je demandais à mon patron de me verser l'argent sur un compte à moi, mon mari déboulerait pour remettre tout le monde au pas. Et si je partais ? Il m'attendrait à mon travail… je n'ai pas besoin de vous faire un dessin, je crois ? Demander le divorce ? Il se débrouillerait pour me retrouver et il deviendrait fou furieux… Alors ? Vous voyez une solution ? Il est où votre remède miracle ? Vous faites moins les malins maintenant.

Ils restent silencieux. Ils pensaient peut-être que c'était simple de quitter un homme comme ça. Non, ça ne l'est pas. Pas si on est seule sans personne pour vous défendre, sans un sou d'avance pour fuir loin.

—Vous avez conscience d'être séquestrée ?

Je n'avais pas pensé à ce mot qui me choque.

—Qu'est-ce que vous racontez ? Je suis mariée.

—Vous réalisez que ce n'est pas la vie normale d'un couple normal que vous vivez là.

—Je ne sais pas ce qui est normal.

L'ami n'a pas ouvert la bouche. Il ne me regarde pas non plus. Il a l'air accablé et regarde fixement devant lui. Le jeune, lui, scrute le vieil homme intensément et me jette des coups d'œil furtifs, mais seulement quand il pense que je ne le vois pas.

—Je vais vous poser quatre questions, Carole, je vous laisse partir après… Répondez-moi sincèrement. Est-ce que vous aimez encore votre mari ?

—Je le hais. J'ai même des envies de meurtre quelquefois… Je rêve qu'on vienne m'annoncer qu'il a eu un accident ou une crise cardiaque.

—Si vous aviez une famille… des amis, vous seriez-vous réfugiée chez eux ?

—Vous croyez que je suis maso ?

—Auriez-vous la force de quitter la région ?

—J'aimerais tant…, je murmure puis je le regarde avec mépris. Vous dites vraiment n'importe quoi !

—Dernière question. Avez-vous peur de moi ou de mon ami ?

—Je comprends pas…

—Vous sentez-vous en confiance avec nous ?

Alors là, j'éclate de rire. D'un rire nerveux, que je n'arrive plus à arrêter. Ils ne disent rien, ils sont si sérieux et j'ai encore plus mal, dedans, au fond de moi… Je sens que je me disloque.

—Si j'ai confiance en des gens qui m'ont raconté un bobard pour m'attirer chez eux et me poser des questions sur ma vie privée ? Des inconnus qui ont, en plus, transformé ma vie privée en un enfer pire qu'avant... Non, je n'ai pas confiance en vous.

—D'accord. Je comprends mais je voulais dire... vous sentez-vous en danger avec nous... physiquement.

Ils sont bizarres, c'est vrai. Mais non, je n'ai pas peur d'eux.

—Non, je ne me sens pas en danger avec vous.

Puis le silence retombe sur nous. Ça a vraiment servi à rien toutes ces questions. Juste à me rendre plus malheureuse et maintenant que je sais que les voisins connaissent cette partie obscure de ma vie, j'ai honte. On était seulement deux à savoir, Fabrice et moi... Maintenant, j'ai l'impression que c'est écrit sur mon front et qu'on m'a dérobé mon secret. Puis le vieil aveugle me demande :

—Avez-vous une carte d'identité ?

Je vois bien que je ne suis pas la seule à trouver cette question incongrue.

—Pas question ! Je ne vais pas à la police ! Vous êtes fou ou quoi ? Je vous dis que Fabrice va péter les plombs si je fais ça...

—Calmez-vous. Il n'est pas question de police. Je veux juste savoir s'il vous laisse au moins une carte d'identité sur vous ?

—Bien obligé ! C'est moi qui fais les démarches... la poste pour les recommandés, ce genre de choses.

—Alors tout va bien ! dit-il gaiement.

Et j'ai envie de le gifler à cause de sa gaieté et de son sourire qui me narguent.

—C'est ça, tout va bien, vous avez raison... vous avez fini avec votre interrogatoire ?

—J'ai fini avec les questions. Juste une dernière chose...

Je l'interromps en me levant brutalement. J'ai besoin d'aller aux toilettes. Je sens que je vais vomir. Je cours précipitamment vers la porte que le jeune garçon m'indique. Je vomis et vomis... Je ne sais pas si c'est normal. C'est à cause de tous ces hommes... ils veulent mon bien, disent-ils, mais ils m'énervent tous à vouloir décider pour moi. J'ai envie de prendre une douche pour m'enlever cette odeur de vomi et dormir... À peine revenue au salon, voilà que le vieux recommence. Je me sens trop faible pour lutter.

—Vous avez sous-entendu que si vous aviez un endroit où aller et des personnes pour vous protéger, vous partiriez... Eh bien, ici, il y a deux chambres et nous sommes au moins deux pour vous protéger !

—Mais ça va pas ?!

—Laissez-moi finir. Pour l'argent, vous pouvez quitter votre travail en attendant de refaire votre vie ailleurs. Ici, vous aurez de quoi manger et j'ai une bonne retraite qui ne me sert à rien. Je peux quand même vous aider pour acheter deux trois produits de toilette en attendant que vous puissiez vous en sortir. Vous pouvez vous cacher ici le temps qu'on s'organise et qu'on fasse les choses comme il faut... Il faudra faire des démarches, mais ça ne presse pas. Pour l'instant, l'important, c'est que vous soyez à l'abri.

—Vous me demandez de me cacher à cinquante mètres de chez mon mari ? Vous êtes gentil mais vous êtes totalement à côté de la plaque... Quand Fabrice rentrera et qu'il verra que je ne suis pas là, il viendra directement chez vous.

—C'est vrai...

Je tourne la tête surprise, c'est l'ami qui a enfin prononcé deux mots, les premiers sensés depuis que je suis entrée dans cette maison de barges.

—Réfléchissez ! insiste le vieux, vous allez prendre mon numéro de téléphone. Notez-le quelque part qu'il ne puisse pas le trouver. Vous venez ici à n'importe quelle heure, vous m'entendez ?

—Ça m'étonnerait...

—Nous partons la semaine prochaine en voyage pour dix jours. Il y a une place dans la voiture. Vous n'avez pas de soucis à vous faire pour l'argent.

—Oubliez-moi, OK ?

—Vous avez une semaine pour y penser... Donnez-moi votre numéro... je vous appellerai tous les jours à midi.

Je gribouille mon numéro pour avoir la paix. Je me lève et ouvre enfin cette porte sur la rue... pour en refermer une autre sur moi, et ma peur qui ne me quitte plus depuis tant d'années.

CORENTIN

Alors là, il se gave, le vieux ! J'avais raison... il va abriter tous les pouilleux du coin... mais qu'est-ce que je fabrique ici avec cette bande de *oufs*... Je suis plus très sûr qu'il soit fréquentable, le prof. Quand la nana s'est barrée aux toilettes, il a demandé au SDF de fouiller dans son sac et de prendre sa carte d'identité. Il a eu beau me dire « On ne vole pas, Corentin, on la protège... Si son mari lui prend ses papiers, là, on ne pourra plus rien pour elle ». OK, mais... c'est du vol, ni plus, ni moins... Et si elle a besoin de sa carte entre-temps et qu'elle la déclare perdue, ils seront bien avancés.

—Elle va se faire encore plus tabasser si son mec croit qu'elle cache sa carte, je leur ai dit.

—On prend le risque...

—C'est plutôt elle qui le prend le risque ! lui ai-je rétorqué méchamment.

Il est pas loin de midi avec tout ça. On dirait qu'il revit, le vieux. En fait, pour lui, c'est nickel ! De tout seul qu'il était, il a un ami comme il dit et bientôt une autre pensionnaire... C'est sûr qu'il a intérêt à ce qu'ils aient une vie super nulle, comme ça, il a de la compagnie. Ça l'arrange bien dans le fond. Bon, OK, j'exagère peut-être...

—Pourquoi lui avez-vous parlé de voyage ? Vous avez même dit « nous partons », qui ça « nous » ? questionne le

SDF qui finalement commence peut-être à se demander, lui aussi, si le vieux n'est pas à moitié barré.

— Qu'est-ce que vous diriez de casser la croûte sous la tonnelle… pendant que je vous parle de mon plan.

Ça me va super sa proposition de repas-complot vu que j'ai carrément la dalle, et honnêtement je suis grave curieux de savoir ce qu'il a encore inventé après le coup du feu.

—Vous trouverez des salades toutes prêtes dans le frigo, du taboulé et une piémontaise. Il y a aussi de la charcuterie. Et si vous désirez autre chose, le congélateur est plein, alors servez-vous vous-mêmes !

On se lève pour aller dans la cuisine. Le vieux va aux toilettes. J'en profite pour demander au SDF :

— C'est pas un peu illégal tout ce qu'on a fait depuis ce matin ?

— C'est pas vraiment légal… Cela dit, les circonstances sont un peu exceptionnelles, tu ne crois pas ?

—Vous êtes sûr qu'il est pas un peu… enfin qu'il a toute sa tête, le prof?

Et voilà le SDF qui éclate de rire.

— Non, je ne crois pas…

Puis il rajoute sérieusement :

— Si tu préfères t'en aller, Corentin, et ne plus être mêlé à tout cela, il n'y a aucun problème. Tu nous as déjà bien aidés.

Il me pique un peu là, le SDF. Qu'est-ce qu'il croit ? Que j'ai la trouille? C'est pas la trouille que j'ai, c'est plutôt que je trouve pas ça « net, net ». Et puis je vais pas partir maintenant parce que… honnêtement j'aime autant pique-niquer avec des aliénés que de déjeuner avec les deux momies qui m'attendent à la maison. Voilà le vieux qui nous rejoint avec sa canne. Côté « remplissage de paniers pour pique-nique », on commence à être rodés, le SDF et moi… Les verres, là, les couverts et les assiettes, ici, la bouteille d'eau fraîche… on est experts. Et nous voilà partis pour déjeuner sous la tonnelle.

Remarquez, ça me fait marrer... on forme un drôle de trio... ils pourraient être mon père et mon grand-père, en fait. J'imagine mes potes s'ils voyaient que j'ai passé ma journée avec des vieux... C'est sûr, ils me bâcheraient total définitif... Finalement, je dépareille pas trop dans le paysage. En parlant de paysage, le jardin est trop beau maintenant... Je le dis au prof.

— C'est grâce à Alain..., répond-il tout guilleret.

On s'installe, on sort tout... Moi, je fais des sandwichs et le SDF-expert-en-jardinage remplit leur verre de pastis... c'est peut-être que le vieux il carbure au pastis et que ça commence à lui ronger le cerveau tout cet alcool. Et voilà qu'il me demande avec un air de conspirateur:

— C'est bien le 28 juin ton anniversaire?

— Ouais, la semaine prochaine.

— Et tu es toujours décidé à voyager?

— Je sais pas encore où, mais oui... faudra que je m'organise pour la rentrée.

— D'accord, mais que dirais-tu si, pour ton anniversaire, on organisait un petit voyage?

— Un petit voyage?!

Il me répond pas et, au lieu de ça, il demande au SDF:

— Et vous, Alain, vous pouvez bien remettre à un peu plus tard votre projet de... comment dire? ... de disparaître de la circulation, disons.

Je capte rien mais je vois que ça lui plaît pas au SDF cette insinuation... peut-être parce que je suis là et qu'il est comme moi, il aime pas qu'on raconte aux autres ce qu'on a confié.

— Qu'est-ce que vous manigancez? lui répond-il pas vraiment aimable.

— Écoutez, j'ai eu cette idée quand on parlait avec Carole. Je me suis dit que, la pauvre femme, il fallait l'entraîner hors de cette ville un moment pour qu'elle sorte de sa torpeur et qu'elle se remette les neurones en place pour penser correctement. Je ne serais pas aveugle, je ne vous demanderais rien à tous les deux... mais vu que j'ai décidé de l'emmener ailleurs, j'ai besoin d'un chauffeur… et comme Corentin n'a pas encore son permis, il n'y a que vous, Alain !

—Vous savez bien que j'ai d'autres projets, dit-il de mauvaise humeur… je suis resté hier soir pour vous protéger de l'autre abruti mais je ne vais pas passer ma vie à faire du baby-sitting, c'est clair ?

—Mais c'est l'affaire de quelques jours, tout au plus… Allez ! C'est tout de même à cause de vous tout ça. C'est vous qui m'avez parlé de cette femme.

—Si j'avais su…

—Quelques jours, et après vous irez au diable… vauvert, rajoute-t-il ironique.

—Je vais réfléchir…

—C'est ça ! Et toi, Corentin ?

—Moi ? Quoi, moi ?

—Qu'est-ce que tu dirais d'un petit voyage après le bac. Tu auras fini à ce moment-là. Tu n'auras plus qu'à attendre les dates d'oral mais… ça m'étonnerait que tu aies à passer l'oral.

Le SDF l'interrompt et lui dit en se moquant :

—Parce que vous croyez qu'un jeune a envie de se taper une semaine avec trois branques, au lieu d'être avec des copains de son âge ! Franchement, je me demande, Claude, si vous avez toute votre tête, et il me fait un clin d'œil. Vous parlez d'un bon plan : une femme battue qui pleure sans arrêt et qui pétoche 24 heures sur 24, un vieil aveugle apparemment bien manipulateur et un SDF de soixante berges…

—… Et un jeune qui en a marre de ses parents, qui ne sait pas ce qu'il veut faire plus tard et qui n'a pas un seul ami.

Il me regarde cloué, le SDF ! Je suis pas mécontent de l'effet que je leur fais. Le prof est aux anges… il rigole, même.

—On dirait qu'on a tout pour se plaire ensemble, ajoute-t-il entre deux hoquets.

—J'en suis pas convaincu…, lui rétorque le SDF du tac au tac. On ressemble plutôt à un quatuor de désespérés qui part à la pêche au miracle.

—Mais c'est une idée !

—Quoi ? Lourdes ? Très peu pour moi… vous trouverez un autre chauffeur… Pourquoi pas Carole ? Vous n'avez pas besoin de moi en fait, vous cherchez juste à me retarder dans mon projet.

—Et si elle veut repartir ? Je ne pourrai pas la retenir et Corentin est trop bien élevé pour l'obliger à rester par la force.

—Et moi, je suis assez mal élevé pour le faire ? C'est ça ?

—Ne me faites pas dire ce que je n'ai pas dit… Voilà ce que je vous propose : on loue une voiture et on part tous les quatre vers l'Espagne… Je connais un coin près de la frontière. On part une semaine et, au retour, chacun reprend sa vie. Corentin, ce sera mon cadeau d'anniversaire… si tu es d'accord. Il faudra penser à demander à ta mère.

—Vous y gagnez quoi, vous, dans tout ça ? dit le SDF suspicieux.

—De faire enfin un voyage…, répond-il spontanément. Je vous demande juste une semaine.

N'empêche qu'il lui a cloué le bec au SDF. Bon, ils sont pas méchants ces deux-là, juste total givrés. Finalement, ça me plaît cette histoire… et puis ça va grave enquiquiner ma mère. Une semaine loin de mes parents ! Le rêve.

—Je suis partant ! je m'écrie.

Le SDF me dévisage avec, un bref moment, une lueur d'amusement étonné dans l'œil.

—Tu es aussi tordu que nous tous… OK, on part tous les trois, mais ça ne sert à rien si la pleureuse ne vient pas, et franchement je ne voudrais pas être rabat-joie mais je crois que ce sera un gros *Niet* !

—On a une semaine pour la faire changer d'avis. Alain, ça vous ennuierait de vous installer ici pour la semaine qui vient ? En étant ici, vous pourrez me renseigner pour savoir si le mari est parti travailler, comme ça, je pourrai lui téléphoner dans la journée.

—Vous pensez vraiment à tout. C'est bon. Après tout, ajoute-t-il plus sérieux, avec le projet qui m'attend, je peux bien passer la dernière semaine dans un vrai lit, n'est-ce pas, Claude?

Décidément, c'est quoi ce projet? Même le vieux ne sourit plus du tout.

—On partirait quand? je leur demande, histoire de m'organiser.

—Le 29 au matin, le lendemain de tes dix-huit ans.

—En fait, je serai majeur... je suis pas obligé de demander à mes parents !

—On ne veut pas la police à nos trousses, Corentin! a tranché net le SDF.

Je les quitte en leur criant de loin:

—Si vous avez besoin d'un coup de main pour la pleureuse...

ALAIN

—Alors c'est comme ça, hein? Vous me forcez à faire ma B.A. avant de me fiche en l'air? Vous croyez que vos manigances vont me faire changer d'avis?

—Je ne crois rien du tout. Je me dis que là où vous rêvez d'aller... ça peut bien attendre deux semaines de plus.

—Deux semaines?

—Bien oui, on ne part que dans une semaine... pour une semaine.

C'est vrai que je ne suis pas pressé mais je discute pour la forme.

—Et mon travail? Vous pensez que tout le monde doit lâcher ce qu'il fait pour satisfaire votre caprice?

—Vous alliez vous jeter sous un bus, hier... vous ne pensiez pas à votre patron ni à votre réputation.

Il a raison… je me moque de tout… pas de cette femme par contre. Mais je crois maintenant, qu'il n'y a rien à faire pour elle.

—Je vais téléphoner à Carole.

—Vous ne pensez pas que vous en avez assez fait pour aujourd'hui ?

—Il faut battre le fer tant qu'il est chaud… Je vais lui donner les détails du voyage, comme ça, elle pensera à quelque chose de concret maintenant.

—Faites comme vous voulez après tout. Je remballe tout ça, moi.

—Merci, Alain. Je rapporterai le panier.

—J'y compte bien… y'a pas de raison pour que vous ne portiez pas votre fardeau, vous aussi. Je vais au foyer récupérer mes affaires… si elles y sont encore.

Je ne sais pas si mon sac sera toujours sous le lit et intact.

CLAUDE

—Allô, Carole ? C'est Claude…

—Laissez-moi tranquille.

—Je voulais juste vous donner des précisions pour le voyage…

—Je n'irai pas !

—Nous partons tous les trois le 29 au matin pour une semaine. Pas bien loin, à la frontière espagnole… j'espère que ça changera les idées à ce pauvre Corentin…

—Corentin ?

—Oui, le jeune homme qui était chez moi. Il n'a pas un seul ami et à cet âge… c'est pas bon. Il broie du noir et ça va pas en s'arrangeant. Je suis inquiet à vrai dire.

Je mens outrageusement, j'en conviens et c'est vrai que j'exagère mais ça marche. Je crois qu'elle va mordre à l'hameçon grâce à mon bon gros mensonge « blanc » comme disait ma grand-mère quand c'était pour la bonne cause. En fait, non, je ne mens pas finalement. Je ne déforme pas non plus la vérité, disons que j'extrapole, j'anticipe et interprète certains signes. Au pire, on pourrait juste m'accuser d'une mauvaise interprétation de la réalité et, que je sache, ce n'est pas répréhensible.

—J'ai bien peur qu'il ne songe à se suicider... Alors ce voyage, c'est la seule façon que j'ai trouvée pour l'empêcher de faire une bêtise, vous comprenez.

—Se suicider ? Mais... pourquoi ?

—Je ne sais pas, la détresse des ados, vous savez... ils ne disent rien à cet âge. Il se confierait mieux à une femme, je suppose... Enfin, ce ne sont pas vos affaires, vous avez assez de problèmes comme ça. À demain, Carole !

—Je ne veux pas...

Je raccroche vite. Bon, eh bien, c'est quoi le bilan ? Un SDF qui veut se suicider, un jeune qui veut bien venir avec nous – il faut vraiment qu'il se sente seul, le pauvre ! – et une femme en grave danger, obstinée, qui ne veut pas franchir le pas pour sortir de son enfer. Et moi, qui me mêle de tout ça... en les utilisant finalement un peu tous pour aller là où je voudrais bien aller. Je décide donc de m'informer sur Internet sur les locations de voiture, mais le téléphone sonne. C'est mon neveu Serge.

—Bonjour, Serge, comment vas-tu ?

—Bonjour, mon oncle. Je vais bien. Figure-toi que Patrick vient de me passer un coup de fil. Il m'a parlé d'un horrible malentendu au sujet d'un papier qui ne t'était pas destiné. Je n'ai pas les détails, mais une histoire de brouillon avec tes coordonnées en exemple pour un collègue.

Je l'interromps :

—Si je comprends bien, insister pour me faire signer un papier qui me déposséderait de mon bien – et du tien aussi par la même occasion – est juste un « horrible malentendu » ?

—Ça doit être une erreur... On pourra en discuter mieux samedi. Tu n'as pas oublié qu'on vient ?

—Désolé, Serge, si ça ne t'ennuie pas, je préfère remettre à plus tard... Je me sens fatigué ces jours-ci. Je t'appellerai quand ça ira mieux. Au revoir et embrasse la petite famille.

J'ai été un peu brusque mais c'est aussi bien. Il n'a qu'à régler ça directement avec son frère. Et maintenant, revenons-en à mes affaires. J'en étais à la location de voiture. J'aimerais bien une décapotable pour sentir le vent sur mon visage. Après avoir parcouru différents sites, j'opte pour rester raisonnable en choisissant une Scénic. Je fais ensuite un rapide calcul des dépenses quotidiennes pour quatre personnes pendant une semaine. Quand je pense à tout mon argent qui dort depuis des années sur un compte et ne profite qu'à la banque. Il est grand temps de me mettre à le dépenser. Franchement... la première folie depuis tant d'années !

CAROLE

J'aurais bien aimé partir en voyage avec eux... mais c'est impossible, car ça impliquerait que je ne pourrais jamais revenir chez moi, que je devrais abandonner tout ce qui m'appartient, quitter mon travail et fuir un mari qui me cherchera jusqu'à ce qu'il me trouve. Je voudrais tellement... simplement prendre des vacances. Je ne parle même pas de me séparer de mon mari, non, juste changer d'air, ne serait-ce qu'un jour... mais je suis incapable de prendre cette décision. Alors, je vais dans la cuisine pour faire à manger, comme tous les jours. Nourrir le monstre et lui donner des forces... pour qu'il me tape dessus après. Mon Dieu! j'ai envie de mourir moi aussi, comme Corentin... Mais Corentin, il est jeune, il est plutôt beau gosse et il a la vie devant lui. Pourquoi veut-il mourir? Je n'ai même pas la force de l'aider... J'ai failli oublier qu'il passerait en début d'après-midi avec une bouteille de champagne pour fêter ses dix-huit ans... je ne veux rien souhaiter, je ne veux plus rien et encore moins voir des gens. Alors je vais dans la salle de bains et regarde dans la pharmacie. Il n'y a pas grand-chose, mais j'avale tout ce que je trouve et retourne m'allonger, en attendant de sombrer enfin.

Au bout d'un temps, je flotte… j'ai soif… je bois de l'eau et de l'eau… et je vomis… et je suis nauséeuse… j'entends la sonnette… Je ne sais plus trop où je suis, j'ai perdu la notion du temps, des choses, de moi-même je crois aussi. Mais cette sonnerie persiste, elle me dérange. Je l'entends de loin qui insiste et m'empêche de me reposer. Il faut que j'arrête ça. J'essaye de me lever mais j'ai les jambes dans du coton… je me cogne un peu à des murs que je suis et qui m'emmènent jusqu'où provient cette sonnerie insupportable. Énervée, je saisis la poignée de cette porte qui s'ouvre et la sonnerie cesse instantanément… Corentin ? Qu'est-ce qu'il fait là. à me regarder avec des yeux de merlan frit et je rigole parce que je répète ce que ma mère disait toujours pour me faire rire. Ah, oui ! dormir, c'est ça que je voulais. Alors maintenant que la sonnerie s'est tue, je peux retourner me reposer. Voilà, je vais dire à ce jeune qu'il me dérange, que je voudrais être seule et dormir, seulement… je suis conditionnée à obéir depuis tant d'années que j'arrive pas à lui claquer la porte au nez… et je m'écroule.

J'entends de loin que quelqu'un m'appelle par mon prénom.J'entends qu'il parle vite… puis des pas précipités… pas mon mari, s'il vous plaît, mon Dieu ! laissez-moi mourir… Je sens qu'on me soulève… et qu'on m'appelle sans arrêt. On m'a jamais tant appelé, je crois, et j'ai l'impression que je souris. Mais tout d'un coup, on m'ouvre la bouche de force, des doigts farfouillent dans ma gorge… et je vomis et je vomis et je sens la douche froide… on me gifle aussi… ça me fait rire. Une gifle, ça fait pas mal !

—Carole ! Carole ! C'est pas la voix de Corentin, c'est celle d'un homme. Réveillez-vous ! Restez avec nous !

Mais moi, je veux pas rester… Puis ça se calme, je me sens mal mais je ne suis pas morte parce que je reconnais le visage de l'ami du vieil aveugle penché sur moi. Il me regarde angoissé et je lui en veux.

—Vous n'avez pas le droit, je murmure… laissez-moi.

—Ce sera pour une autre fois, ma belle ! Allez, à la douche.

Et je sens qu'il me déshabille et me savonne comme quand j'étais petite et je pleure… Il me sèche en silence, me met sur le lit. Il ouvre les placards en parlant à quelqu'un d'autre :

—Vite, Corentin, trouve une valise. Mets des vêtements dedans.

— C'est fini maintenant, il me dit.

Mais qu'est-ce qui est fini ? Moi, je voulais que tout soit fini. Mais pas comme ça.

— Laissez-moi, je bredouille comme je peux.

J'arrive pas bien à parler. De toute façon, il ne m'écoute pas… J'entends des bruits de tiroirs… ils doivent fouiller dans mes affaires. Puis on me soulève à nouveau.

— Il faut marcher, Carole ! hurle-t-il, mais pourquoi il crie si fort, l'ami ? Debout, Carole !

— … Veux pas…

— Corentin ! Passe-moi le sac et prends-la de l'autre côté.

— Et si quelqu'un nous voit ?

— On prend l'escalier, tu as raison.

Mes jambes sont inertes. J'ai du mal à poser les pieds, en fait, je crois que je pédale dans le vide. Je vais rester paralysée si ça se trouve. Je me suis loupée, c'est bien moi, ça !

—Va dans la rue, Corentin, regarde si quelqu'un vient.

Je comprends pas pourquoi ils sont stressés ? On dirait qu'ils veulent pas être vus. On me soutient sous les bras, ça me fait mal et en plus on me fait avancer sans ménagement, on dirait plutôt qu'ils me traînent comme un paquet de linge sale. Du linge sale ! Et j'éclate de rire. Ça a l'air de les gêner que je rigole. Ils n'arrêtent pas de murmurer des « Chut », mais j'en ai marre des « Chut » justement. Toute ma vie, on m'a dit « Chut » : on m'a dit de me taire, de sourire, d'obéir, de pas me plaindre, d'être polie. Chut ! Chut ! Chut ! Puis j'entends des sons de graviers et une autre voix… belle, douce et profonde. Je la reconnais… et je comprends que je suis kidnappée. Ils ont gagné. Je leur en veux.

—Installez-la en haut. J'ai appelé le docteur, il sera ici dans cinq minutes.

On m'allonge, j'entends qu'une porte se ferme... encore une porte qui se ferme.

ALAIN

Quelle frousse elle m'a fichue! En redescendant l'escalier, j'aperçois Claude et Corentin qui m'attendent assis dans le salon. La sonnette maintenant. C'est le docteur. Je vais lui ouvrir, lui donne les boîtes de médicaments que j'ai vues traîner chez Carole... Je sais que ce n'est pas mortel ce qu'elle a pris. Claude a dû lui dire de quoi il s'agissait, car le docteur ne dit rien et monte. Un moment après, il redescend.

—Ça ira, ce n'est pas grave, c'est comme une grosse cuite en fait... Heureusement que ce n'était que de l'aspirine et des antidouleurs. Elle va dormir jusqu'à demain. Vous savez que normalement, il faut faire une déclaration. elle devrait être sous surveillance en hôpital psychiatrique.

—Je sais, Louis, mais crois-moi, ça vaut mieux pour elle... Dieu sait ce que son mari ferait. Elle est mieux ici qu'à l'hôpital. On va s'occuper d'elle.

—C'est bien parce que c'est toi, Claude. Ne la laissez pas seule à son réveil et jetez tous les médicaments que vous avez dans la maison à la poubelle, dehors. Allez, je vous laisse.

On est tous secoués, surtout Corentin.

—Alors on est d'accord? Cette fois, on l'emmène de force.

—Ouais, ça vaudra mieux... mais priez, vous qui croyez encore en Dieu, pour un miracle parce que ce n'est pas votre semaine en bagnole qui va changer sa vie. Surtout que, maintenant, les dés sont jetés et que son mari va se déchaîner quand il verra qu'elle n'est plus chez elle. On a laissé un bazar monstre, ça sent le vomi, les placards ouverts... il verra qu'un sac de voyage manque, sa brosse à dents aussi… Il va vite comprendre. Il faut se préparer à sa visite.

—On n'a qu'à pas lui ouvrir…, dit Corentin.

—Il est capable d'ameuter le quartier ou d'appeler la police si on ne lui ouvre pas.

—Ça m'étonnerait qu'il appelle la police, rétorque Claude.

—Au contraire, avec l'appartement en vrac, il pourra toujours mentir et dire que c'est un voleur qui a tabassé sa femme quand les flics la verront. Et nous coller sur le dos un cambriolage additionné d'un kidnapping et de coups et blessures.

—Personne ne doit savoir qu'elle est ici, décide Claude. Il faut avancer notre départ. Heureusement la voiture est prête, le type de l'agence de location m'a téléphoné ce matin pour me dire qu'on pouvait venir la prendre quand on voulait avant 18 heures. Alain, pouvez-vous y aller ? Il vaudrait mieux vous garer dans la rue de derrière. On partira cette nuit. Son mari ne sait pas que la maison possède une deuxième sortie.

Je me lève d'un bond, la voiture a été payée, réservée. Je n'ai plus qu'à aller la chercher.

—Corentin, tu devrais monter tenir compagnie à Carole en attendant que je revienne. Qu'elle sache où elle est si elle se réveille. Fermez à clé derrière moi et n'ouvrez à personne.

Une heure après, je gare la voiture. Une chance que j'aie trouvé une place juste devant la porte du petit jardin. Je reviens à pied par la rue principale et pousse le portillon. Claude et Corentin me rejoignent dans le salon.

—On devrait prendre nos précautions si son mari arrive. Ce serait plus prudent de mettre son sac dans le coffre de la voiture dès maintenant. Ensuite, vous la descendrez ici, dans le salon. Vous déferez son lit… les draps au sale. Comme ça s'il vient, il ne verra qu'une chambre d'occupée, et comme il croit que vous êtes mon fils…

Je me marre de voir la tête que fait Corentin en entendant le scénario organisé par Claude. Je ne peux pas m'empêcher de lui cligner de l'œil.

—Tu sais qu'il ment comme il respire, ton prof!

Je ne sais pas s'il est soulagé mais toujours est-il qu'il me sourit.

—Déverrouillez la porte du petit jardin. Dès qu'on entendra le portillon, vous aurez cinq minutes pour l'emmener dans la rue de derrière en refermant à clé.

—Je vais chercher mon sac, dit Corentin, j'ai dit à ma mère qu'on partait ce soir...

—Ce soir?

Il répond gêné:

—Je voulais aussi fêter mon anniversaire avec vous.

—Bon, tu m'évites la corvée de défaire les draps... tu iras mettre ton sac dans la chambre de Carole, alors.

—On pourra dire au mari que je suis... votre petit-fils ou... votre petit-neveu?

—Méfie-toi, Corentin, dis-je en lui ébouriffant ses cheveux, de ne pas devenir aussi menteur que ton prof!

Il rigole et disparaît dans l'entrée. Je me lève pour fermer à clé derrière lui. Il est mignon, ce gosse. Bon, je vais mettre le sac de Carole dans la voiture. Je demande à Claude où est la clé de la porte du jardin :

—Sous la grosse pierre près de la porte.

—Vous parlez d'une cachette!

CLAUDE

On est dans un drôle de pétrin mais, au bout du compte, je préfère. J'ai eu peur. Pas pour le voyage, je m'en fiche de ce voyage après tout... mais j'ai vraiment eu peur qu'elle meure. J'aimerais tant qu'ils s'en sortent tous. Ils méritent mieux que ça. Oui, on est dans le pétrin parce qu'on va l'emmener de force et quand les calmants auront cessé de faire de l'effet... comment réagira-t-elle? Mon Dieu! elle a raison... c'est nous qui l'avons plongée dans cet enfer.

Que le temps semble long ! J'ai hâte qu'Alain revienne parce que si la brute arrive maintenant… Alain a eu raison de me dissuader de nous en aller ce soir. Ça aurait été louche si le mari était venu frapper et qu'on soit partis, il aurait pu aller voir la police et parler de kidnapping. J'entends Alain qui revient puis se dirige dans la cage d'escalier.

— Je vais la descendre et l'installer sur le divan.

J'entends ses pas lourds qui redescendent prudemment et le bruit du corps déposé sur le sofa à côté de mon fauteuil. Nous restons silencieux à veiller sur elle, tels ses anges gardiens. Il est 15 heures. J'allume la radio pour tromper l'attente.

Le portillon a grincé deux fois… nous bondissons tous les deux. Alain se précipite jeter un coup d'œil à la fenêtre.

— C'est Corentin.

— Je suis content qu'il soit là… au cas où l'autre arrive.

— Ah, oui ? Vous trouvez que c'est un spectacle pour un ado ?

— Ça calmera peut-être le gorille, justement, de voir un jeune ici, je lui rétorque agacé par ses réflexions ironiques et professorales.

— Il n'est pas du genre à se calmer… je vais ouvrir.

Corentin entre et Alain referme à clé.

— Monte ton sac dans la chambre, Corentin, et éparpille quelques affaires, histoire de faire croire que c'est toi qui occupes cette chambre.

ALAIN

L'attente commence, l'ambiance est chargée. Pauvre gosse… ce n'est pas une façon de passer son anniversaire quand même. Il serait temps qu'on pense un peu à lui… Si ce n'était pas pour lui, cette femme ne serait pas ici. Elle ne serait pas morte, mais pas loin, car quand l'autre serait rentré et l'aurait vue dans son vomi, la bouffe pas prête…

— Bon ! On le fête, cet anniversaire ?

—Justement, j'ai une bouteille de champagne au frais ! annonce Claude.

Je me lève pour aller à la cuisine et reviens avec le champagne et trois flûtes. Je tends la bouteille à Corentin pour qu'il la débouche lui-même.

—Dix-huit ans... À toi l'honneur !

Il est tout heureux. C'est fou la jeunesse... on est une bande de branques, on vient de passer un sale moment et, lui, il est heureux, juste parce qu'on pense un peu à lui. Mais qu'est-ce qui nous rend si minables au fil de la vie ?

—Alors à tes dix-huit printemps, cher Corentin, et à la fin de tes leçons de piano ! lance Claude en attrapant la flûte que Corentin lui tend.

—À ta majorité et à ton futur voyage ! je rajoute.

En parlant de « futur voyage », je pensais à son projet de la rentrée, mais en fait, on réalise en même temps mon lapsus et on éclate de rire parce que le prochain voyage, c'est demain. En voiture pour une semaine vers l'Espagne... C'est tout ce qu'on sait. Pour ce soir, ça nous suffit. On souhaite seulement éloigner cette femme de son mari. C'est notre seul point commun et c'est tout ce qui compte dans l'immédiat. C'est ce but qui nous unit. Je ne suis pas dupe, rien d'autre, une circonstance, sinon aucun de nous ne serait à trinquer, ici, ce soir avec les deux autres. Un but qui va disparaître aussi vite qu'il est apparu. Peut-être demain même, quand elle se réveillera et se mettra à hurler qu'elle veut retourner chez elle.

Claude est totalement surexcité. Corentin est tout heureux... C'est bizarre, je nous regarde. Claude est dans son fauteuil et sourit d'un sourire inouï. Corentin sourit lui aussi. C'est bien la première fois d'ailleurs que je vois ce gosse sourire autant. Il s'est assis au bout du divan, aux pieds de Carole... Elle ? Elle dort. Elle ne sait sûrement pas où elle est et si elle se réveillait maintenant, il faudrait lui donner une sacrée explication. Et moi, je suis déjà à me faire du mouron.

Hier soir, je devais me jeter sous un bus. Claude voulait que je le traîne avec moi et, elle, elle voulait mourir ce midi. Et voilà que quelques heures plus tard, on est à boire du champagne avec ce jeune qui, lui, n'a rien d'autre à faire de mieux que de fêter ses dix-huit ans avec des ratés et un vieux... Je ne bois pas trop, je garde à l'esprit que, si la brute se pointe, il faudra que je porte Carole et fissa. Corentin nous raconte sa matinée avec ses parents, et tout d'un coup nous nous figeons tous les trois : le portillon a grincé... je cours à la fenêtre.

—C'est lui !

—Disparaissez avec elle dans la rue de derrière. Corentin ira vous chercher quand il sera parti, souffle Claude, anxieux.

Pendant que j'attrape Carole sous les genoux et les épaules, Corentin se précipite dans la cuisine pour m'ouvrir la porte. J'ai à peine le temps d'entendre Claude lui dire :

—Attends qu'Alain soit dans la rue de derrière pour ouvrir...

Je n'ai qu'une obsession, marcher le plus vite possible et la cacher dans la voiture. Après avoir installé Carole à l'intérieur de la voiture, je referme la porte du jardin à clé. Heureusement que nous avons anticipé un peu les événements. J'attends. Je suis prêt à démarrer si jamais c'était lui qui apparaissait. J'ai la fenêtre entrouverte pour entendre Corentin m'appeler ou si j'entendais des cris... on ne sait jamais qu'il bouscule un peu fort Claude ou le petit. Puis je repense aux trois verres sur la table... Il faut que j'y retourne ! Il va forcément croire que c'était Carole qui buvait avec eux.

CORENTIN

Mince ! j'ai eu le temps d'apercevoir le type, c'est une vraie baraque. S'il s'énerve, c'est pas le vieux ou moi qui allons le retenir... La sonnerie retentit non-stop. Il a gardé le doigt dessus, j'imagine. On a organisé vite fait une petite mise en scène : je vais tirer la chasse d'eau pour faire celui qui sort des toilettes tandis que le prof s'époumone :

—Voilà ! Voilà !

C'est chaud bouillant ! On n'est pas partis que les problèmes commencent. Heureusement que le vieux est malin et qu'il a pensé à cacher la nana... on serait grave mal, sinon.

J'ouvre la porte.

—Qu'est-ce que...

J'ai pas le temps de terminer ma phrase que le type rentre dans la maison en me poussant.

—C'est qui, Corentin ? demande le prof qui continue de jouer la comédie.

Il peut pas voir le morceau que c'est, sinon il ferait plus le malin. Ce mec, il fiche carrément la trouille. J'ai pas le temps de répondre au prof puisque la brute a fait comme chez lui et déboule dans le salon en beuglant :

—Où elle est ?

—Mais qui êtes-vous ? Qu'est-ce que vous voulez ? lui demande le prof en retour.

—Vous, le vieux, vous avez intérêt à...

Le mec s'interrompt, il vient sûrement de remarquer que le prof est aveugle.

—Je suis le type que vous emmerdez depuis hier... Tiens ! trois verres, vous fêtez quoi... ?

Et il se rue dans l'escalier, ouvre des portes, des placards, il doit regarder dans la salle de bains aussi si y'a pas des trucs de nana... il est grave excité. Il nous crie depuis l'escalier :

—Où elle se cache, hein ? Je sais qu'elle est là.

Il m'attrape par le bras et me le tord. J'en mène pas large. Ça commence à sentir le roussi. J'espère que le prof a un plan B.

—Bon, le papi, tu vas vite me dire où se trouve ma femme, sinon je vais faire un peu mal au petit...

—Mais il n'y a que mon fils et le petit ici... on fêtait son anniversaire, vous voyez bien !

—Où il est votre fils ?

—Ce ne sont pas vos affaires... Sortez ou j'appelle la police ! dit-il en extirpant son téléphone portable de la poche.

—Vous croyez m'impressionner, le papi ? Allez-y, appelez les flics, vous me rendrez service. Je parierai qu'ils trouveront sûrement des empreintes de ma femme un peu partout, et j'en profiterai pour porter plainte pour kidnapping et séquestration.

Mince! il a pas tort le mec, c'est comme ça que ça s'appelle ce qu'on a fait. On tourne tous les trois la tête en même temps, car on vient d'entendre la porte de derrière qui s'est ouverte. Du coup, il me lâche et court vers la cuisine. Le prof et moi, on est inquiets, car on se demande pourquoi le SDF est revenu... C'était pas prévu. Qu'est-ce qui s'est passé avec la pleureuse? Puis aussitôt nous parvient le bruit de la porte qui se referme, et la voix du SDF retentit, joyeuse et décalée:

—J'ai trouvé l'autre bouteille de champagne!

Il est malin, le SDF, il a dû repenser aux trois verres sur la table. Heureusement qu'il a rappliqué. En l'entrapercevant dans la cuisine alors qu'il fixe la brute, j'ai un choc : il est méconnaissable, ou plutôt, métamorphosé par son regard débordant de haine, et l'expression de mépris qui lui déforme le visage.

—Alors comme ça, elle se cache dans la cave... Les clés! hurle la brute.

—Non mais, vous faites quoi ici? Vous n'avez aucun droit...

—Accompagne ce monsieur, Alain, interrompt le prof, qu'il arrête de s'imaginer je ne sais quoi...

—Il comprend plus vite que toi, l'aïeul... Allez! À la cave.

Il assure en tout cas, le SDF. Il prend son temps pour mettre la bouteille dans le congélo avant d'emmener la bête fouiller la cave. J'attends en regardant par la fenêtre de la cuisine qu'ils réapparaissent et leur conversation me parvient par la fenêtre entrouverte.

—Et cette porte qui donne dans la rue?

—Elle est condamnée.

—La clé!

—Il n'y a plus de clé depuis longtemps ! Alors si vous voulez aller voir ce qu'il y a derrière cette porte, vous passez par la rue, comme tout le monde, lui crie le SDF tandis qu'il le défie du regard depuis le perron où il est remonté.

N'empêche qu'il doit transpirer, le SDF. Le prof, lui, est venu me rejoindre dans la cuisine.

—Qu'est-ce qu'il fait ?

—Il se dirige vers la porte qui donne dans la rue.

—Mon Dieu !

—Il essaye de l'ouvrir… soulève des pierres.

—Il cherche sûrement la clé… et Alain ?

—Il est sur le perron. Il le regarde faire… le mec monte maintenant dans l'arbre, le gros près du mur.

—Le marronnier, mais que veut-il faire ?

—Il veut sûrement jeter un coup d'œil dans la rue. Il doit penser que Carole s'est enfuie par là, ou qu'elle est cachée contre le mur… je sais pas.

—Malheur ! Et la voiture qui est garée juste là avec Carole dedans.

—Il n'aura qu'une vue plongeante donc il ne devrait pas pouvoir voir à l'intérieur de la voiture. En plus, je l'ai recouverte avec le plaid, nous rassure le SDF qui est rentré. Ça y est, l'australopithèque redescend de l'arbre.

—Venez, Alain, allons nous rasseoir dans le salon… ça vaudra mieux.

Le type traverse la maison, plus que *vénère*. Il a carrément la haine. Tellement qu'avant de se barrer, il nous balance des menaces :

—J'en ai pas fini avec vous ! C'est moi qui vous le dis… Je vais vous surveiller jusqu'à ce que vous vous trahissiez, mes cocos. Et après, vous regretterez d'avoir croisé mon chemin et ma femme aussi ! Puis il ouvre la porte et se rue dehors sans la refermer.

Le SDF lui crie depuis le haut des marches :

—Il n'y aura pas de prochaine fois ! Vous ne remettrez plus les pieds ici, car on appellera les flics ce coup-ci, et ce sera ma parole contre la vôtre !

Le type lui fait un doigt d'honneur sans se retourner et le SDF referme en vitesse puis traverse le salon à toute allure pour repartir par-derrière.

—Vite ! il faut sortir Carole de la voiture... si jamais il va dans la rue de derrière...

Je le suis en courant jusqu'à la voiture. Et c'est reparti ! Il retraverse le jardin avec la pleureuse sur les bras et, moi, je fais le portier et verrouille derrière. Faut vite rentrer à la maison avant que la brute n'atteigne son appartement et qu'il puisse nous voir de sa fenêtre. On réinstalle la pleureuse somnolente sur le divan, puis Claude me demande d'aller fermer le portillon laissé ouvert. Honnêtement, là, il faudrait que ça s'arrête parce que franchement j'en ai ras le bol de fermer et d'ouvrir. J'ai eu ma dose aujourd'hui.

La nuit risque d'être longue. Alain sort par-derrière et jette un coup d'œil à l'immeuble voisin.

—Le store est levé et je distingue clairement une silhouette. Le type fait la sentinelle sûrement. On l'a échappé belle... Vous avez pensé à Annabelle et à Angéla ? demande-t-il à Claude.

—Je leur ai téléphoné pour les prévenir que l'envie m'avait pris d'avancer la date de ma cure que je fais tous les étés et qu'un taxi viendrait me chercher. J'ai également appelé la municipalité pour annuler les repas jusqu'à mon retour.

Je nous regarde. On dirait une famille normale... le grand-père dans son fauteuil, la mère allongée sur le divan... Le SDF qui pourrait être le mari et moi... leur enfant. Le prof écoute du blues, le SDF regarde sur Internet l'itinéraire de demain. Personne ne parle, mais c'est pas le même silence que chez moi. Ici, il n'y a pas d'embarras, pas des murs de non-dits et des phrases qui signifient apparemment ce qu'elles signifient, mais qui veulent dire autre chose.

—Vous avez dit qu'il était situé où votre bled ? demande le SDF au prof.

—Au sud de San Sebastian. Corentin ! tu vas pouvoir t'exercer encore… Va donc prendre la bouteille de champagne qu'Alain a remontée, s'il te plaît. On a bien mérité une autre tournée… après toutes ces émotions.

En revenant de la cuisine, je vois Carole qui commence à s'agiter.

—Je vais lui redonner des somnifères, décide le SDF. Le docteur a dit qu'il fallait qu'elle dorme 24 heures non-stop et franchement on n'a pas envie de l'avoir sur le dos pour le moment ni qu'elle rameute tous les voisins en piquant une crise.

Il se lève, va à la cuisine et revient avec un verre d'eau dans lequel il met quelques gouttes d'un produit qu'il a sorti de sa poche. Il s'approche d'elle, soulève doucement sa tête et lui met le verre entre les lèvres.

—Carole ? Vous êtes en sécurité… ne vous inquiétez plus. Dormez, on s'occupe de tout. Il faut boire un peu par contre…

Elle obéit, se laisse faire et boit son demi-verre d'eau.

—On peut partir très tôt, vers 4 heures du matin. Il fera nuit encore. Mais il y a le risque que le primate nous voie s'il monte la garde. Ou alors, on attend qu'il parte au travail.

—Il peut nous voir de sa chambre ? demande le vieux.

—Avec l'éclairage de la rue, il distinguera forcément des ombres et il comprendra vite de quoi il s'agit. Même s'il est censé dormir à cette heure-ci, on ne sait jamais… Une envie de pisser, une insomnie ? Je parie qu'il va laisser son store levé toute la nuit.

—Le moins risqué serait de partir quand il sera à son travail, décide le vieux. On ne va pas prendre le risque qu'il nous voie cette nuit. C'est pour le coup où il saurait que Carole est avec nous et ça aurait vraiment l'air d'un kidnapping.

—Et s'il décide de ne pas aller bosser demain ? je demande.

—On n'a pas vraiment le choix, grommelle Alain, le nez toujours plongé dans l'ordinateur.

—Vos sacs sont prêts? s'inquiète le prof. Demain matin, vous plierez vos draps et les rangerez dans le placard du couloir, là où vous les avez pris… Si Angéla ou mes neveux viennent faire un tour pendant mon absence, j'aime autant qu'ils ne se posent pas trop de questions. Sans compter qu'elle n'est pas à l'abri d'avoir une attaque si elle rencontre l'australopithèque qui croit que vous êtes mon fils et mon petit-fils.

Il me fait marrer, le prof. Il pense vraiment à tout, mine de rien… il est pas si décrépit que ça.

Le réveil sonne le lendemain à 7 heures. D'habitude, j'aurais traîné un moment au chaud sous la couette, je *kiffe* trop ! Mais là, honnêtement, je suis archi-excité. Je plie mes draps et les mets dans le placard. Je prends une douche, descends mon sac. Le prof est prêt, assis à sa place. Le SDF a déposé son sac et celui du vieux devant la porte de la cuisine.

—Cartes d'identité?

Je mets la main à ma poche. C'est bon.

—Je vais guetter le départ de la brute, nous avertit le SDF.

Et l'attente commence. On entend le tic-tac de l'horloge. C'est la première fois que je suis dans cette maison sans qu'il y ait de la musique. La femme roupille toujours. C'est plus la pleureuse, c'est la dormeuse ! Ça vaut mieux parce que si elle se réveillait maintenant, je vous dis pas le bazar.

Le SDF revient.

—On a un souci… Le type a fait semblant de partir au bureau et a dû se garer un peu plus loin pour revenir à pied, car je l'ai vu sur la place juste quand je rentrais… Il est posté derrière l'arbre. Corentin, va dans la salle de bains du haut, s'il te plaît… tu devrais l'apercevoir.

Je monte quatre à quatre l'escalier.

—C'est bon!! Je le vois!

—OK, tu nous préviens s'il bouge! me crie le SDF.

ALAIN

Vite, il n'y a pas une minute à perdre. À tout moment, il peut retourner chez lui et regarder de sa chambre. Je vais emporter les bagages en premier.

Je me saisis des sacs et me dépêche de traverser puis ouvre la porte qui donne dans la rue. Je range les sacs dans le coffre et retourne vers la maison en quatrième vitesse.

—Vous pouvez traverser tout seul, Claude?

—Oui… occupez-vous de Carole.

—Toujours derrière l'arbre, Corentin?

—Ouiiiiii!

Je soulève Carole et marche le plus vite possible, en refaisant pour la énième fois le même chemin avec Claude qui me suit de loin, moi et mon fardeau. J'ouvre la porte arrière de la voiture en grand, installe Carole en travers de la banquette avec le plaid qui la recouvre totalement et lui replie les jambes légèrement pour laisser la place à Corentin. On ne voit pas que c'est quelqu'un si on ne prête pas attention.

—Asseyez-vous devant, Claude.

Pauvre vieux, je vois bien qu'il se dépêche comme il peut… il me tend le trousseau de clés en me disant:

—Vérifiez tout… n'oubliez pas le gaz.

—Ne vous inquiétez pas. Vous restez enfermé dans la voiture quoi qu'il se passe.

Il fait « oui » de la tête, mais je vois bien qu'il est stressé. Je repars, cette fois au pas de course vers la maison.

—Corentin?

—Le type est sorti de la place, il est en face de la maison et regarde par ici.

Je monte, je vérifie tout. Lumières, robinets.

—On y va, Corentin, grouille-toi !

On dévale l'escalier.

—Poste-toi à la fenêtre du salon pendant que je vérifie en bas…

Claude a décidé de laisser les volets ouverts pour ne pas donner l'alerte. Angéla fera le nécessaire. Je déconnecte l'ordinateur, vérifie le gaz. C'est bon.

— Il est toujours là ?

— Oui, on dirait qu'il hésite... je comprends pas. Il part sur la gauche.

— Mince ! il doit avoir l'idée d'aller dans la rue de derrière... Vite ! Cours à la voiture, Corentin, je verrouille ici.

Corentin détale sans demander son reste... je ferme à double tour, vérifie la cave et traverse le petit jardin pour la dernière fois, j'espère. Je referme la porte à clé et fonce dans la voiture que je mets en marche avant même de tirer la portière vers moi. Mon pouls s'accélère soudain, car, dans le rétroviseur, j'aperçois la silhouette de la brute qui vient de passer le coin de la rue. Il se dirige vers ici. La voiture est coincée entre deux bagnoles et je dois manœuvrer pour sortir. La brute doit renifler quelque chose, car je vois nettement qu'il accélère le pas et qu'il scrute notre voiture qu'il a vu bouger... Je braque, marche arrière, contrebraque, il est à deux cents mètres. Je ne crois pas qu'il nous distingue encore mais si je ne fais pas plus vite, il va nous fondre dessus et là, il pourra toujours porter plainte et relever le numéro de notre voiture.

— Corentin, baisse-toi ! Claude, enfoncez-vous le plus possible dans le fauteuil. L'australopithèque n'est pas loin, alors s'il a un doute, autant qu'il ne distingue qu'une personne dans la voiture... Vite ! une dernière manœuvre. Surtout ne pas caler. Je repasse la première, je tourne le volant à fond et accélère doucement alors que je n'ai qu'une envie, c'est d'écraser la pédale de l'accélérateur pour mettre les gaz à fond tout en arrachant, dans un boucan du diable qui me soulagerait, l'aile de cette fichue bagnole qui me bloque. Surtout, ne pas paniquer. Il manque juste quelques centimètres pour sortir. Encore une manœuvre. Quel idiot ! j'aurais dû prendre mes précautions hier soir... Marche arrière à nouveau, contre-braque, puis marche avant encore, je tourne à fond le volant. Ça doit passer. Il faut que ça passe ce coup-ci. L'australopithèque est à moins de cent mètres lorsque je le vois qui commence à courir vers nous. J'accélère légèrement, la voiture sort enfin, libérée de son carcan de métal, je passe la seconde et la laisse doucement quitter son emplacement pour ne pas mettre la puce à l'oreille à la brute qui de toute façon l'a déjà, je le sens bien... Ce genre de types possède un sixième sens, car tandis que j'enclenche la troisième, notre suiveur force sa course dans l'idée de nous rattraper au carrefour, au bout de la rue. J'ai même l'impression qu'il me fixe dans le rétroviseur dans un dernier défi et mon intuition me dit qu'il sait que c'est nous, que sa femme est ici, dans cette voiture et il vient de comprendre que lui aussi a fait une erreur hier soir... Il aurait dû noter la plaque d'immatriculation. Trop tard ! Il regarde dans notre direction... j'ai l'impression qu'il voit le doigt d'honneur que je lui adresse mentalement. J'arrive au bout de la rue et je tourne à gauche.

J'espère qu'il ne va pas essayer de forcer la porte de chez Claude ou qu'il ne se livrera pas à du vandalisme en notre absence.

—Il peut bien tout casser par dépit... je ne verrai pas les dégâts ! dit-il, philosophe.

Nous roulons en silence, Carole somnole toujours sous son plaid. Corentin s'est installé avec les pieds de Carole sur ses genoux, la tête renversée, il ferme les yeux. Il a eu la frousse, le pauvre. Claude est grave. C'est maintenant qu'il mesure toute l'ampleur de la situation... et moi, je suis... je suis quoi? Je suis préoccupé parce que j'ai l'impression que notre expédition a viré à la fuite plutôt qu'au voyage et que je me retrouve à faire le chauffeur et le garde-chiourme pour un vieil aveugle, une femme kidnappée et un jeune en révolte qui a raconté des blagues à ses parents.

—C'est parti! Direction Poitiers..., ai-je claironné pour tromper ma soudaine nervosité tandis que l'on dépasse le panneau annonçant la sortie de ville.

TROISIÈME PARTIE

CLAUDE

Nous avons dépassé Poitiers vers midi. La matinée a été silencieuse. Carole a ouvert les yeux plusieurs fois pour se rendormir aussitôt. Nous avons décidé de ne plus lui donner de somnifères. L'ambiance est pesante. Je n'imaginais pas le voyage comme ça. Alain est taciturne. Corentin subit notre mauvaise humeur et, moi, j'appréhende le réveil de Carole. Je suggère une pause.

—On pourrait s'arrêter déjeuner, qu'en pensez-vous?

Puis j'ajoute plus bas, il va falloir parler à Carole.

—Ouais… eh bien, vu que c'est vous qui avez eu cette brillante idée, je vous laisse vous dépatouiller avec elle, me rétorque Alain aussi sec.

Je devine que Corentin secoue délicatement Carole de temps à autre pour la réveiller doucement. À chaque fois, il semble qu'elle reparte dans les limbes, elle doit être encore abrutie par les somnifères. Tant mieux, pour l'instant personne n'est vraiment prêt à avoir une explication. Nous sommes tous fatigués et nous avons faim. Enfin, Corentin annonce:

—Auberge à deux kilomètres !

J'entends le clignotant qu'Alain a aussitôt actionné, la voiture tourne lentement et emprunte une petite route plutôt défoncée, car je suis ballotté par les cahots de la voiture. Corentin nous fait discrètement comprendre que Carole a enfin émergé de sa torpeur, mais elle n'a pas encore dit un mot. Ça devient inquiétant. Je m'attendais à un déferlement de questions, des cris, des pleurs… Une réplique de la scène à laquelle nous avions eu droit la semaine dernière, mais rien de tout cela. Son silence est pire. Un silence obstiné. Une absence. Non, en fait, c'est une présence pesante. La voiture ralentit et Alain décrit l'endroit comme étant ombragé avec une terrasse fleurie, sympathique, ajoute-t-il même, un peu plus enjoué. Si le décor pouvait le ramener à de meilleurs sentiments, ce serait déjà ça de gagné.

Cela fait du bien de sortir de la voiture. Alain me prend par le bras et je me doute que Corentin fait de même avec Carole. On doit former deux curieux couples… On s'installe et Corentin m'énumère le menu composé de spécialités poitevines. Je choisis et attends qu'ils fassent de même pour demander qui veut bien m'emmener aux toilettes. Alain se propose. Une fois à l'intérieur de l'auberge, je lui confie que je vais téléphoner à mon ami, le docteur.

Ma conversation avec le docteur n'a pas duré trois minutes. Moi qui voulais des conseils concrets… Il en a de bonnes, Louis. Il m'a juste dit : « De la douceur, de la diplomatie et ne pas la laisser seule un instant ! » Je répète ce qu'il m'a dit à Alain qui ne trouve rien de mieux que de faire de l'humour noir :

— C'est comme si on trimballait un pot de fleurs, quoi… alors je ne vois pas bien comment on pourrait ne pas être diplomates vu qu'elle n'a pas ouvert la bouche et nous non plus, d'ailleurs ! Pas folichon le voyage, hein, Claude ? Désolé que ce ne soit pas comme vous l'imaginiez.

En revenant vers la table, nous entendons la voix animée de Corentin qui semble en pleine conversation avec Carole. Enfin, conversation n'est pas le mot. C'est plutôt un monologue dont je perçois les dernières phrases :

— … Vers le sud-ouest. On va passer quelques jours ensemble le temps que vous vous retapiez. Ne vous en faites pas, je reste à côté de vous.

Nous nous asseyons, elle ne dit pas un mot. Je sens que c'est à moi de rompre la glace :

— Comment vous sentez-vous, Carole ?

Elle ne répond pas.

— Manger quelque chose vous fera du bien. On n'a guère perdu de temps depuis ce matin, je ne sais pas si Corentin vous a dit, mais nous avons dépassé Poitiers et sommes en direction de Bordeaux. Puis je me tourne vers Alain :

— Par où nous ferez-vous passer, Alain ? Peut-être que Carole aimerait s'arrêter en chemin pour visiter un endroit ?

ALAIN

J'ai envie de les étrangler tous les deux. Elle, parce qu'elle commence à me fatiguer sérieusement avec ses airs de sainte-nitouche offensée et le vieux, parce que je n'ai pas envie de parler, moi non plus, et qu'il me fatigue avec ses questions nulles. Ce voyage commence déjà à me taper sur les nerfs. Moi qui voulais la sortir de son mariage minable, j'en suis presque à regretter d'avoir parlé d'elle à Claude. Le mutisme obstiné de cette femme est pire qu'une scène. Elle pollue l'atmosphère. On a tous les trois pris des risques pour elle et, maintenant, on se retrouve à culpabiliser sans raison, mais pourtant, c'est un fait, on se sent responsables. Et tout ça, à cause d'un fardeau silencieux qui nous balance ses mauvaises ondes de chochotte-martyre.

—Vers Saintes, je bougonne. On pourrait y passer la nuit.

— Ou pousser jusqu'à Royan tant qu'à faire… ? Ce n'est qu'à quarante-six kilomètres et, au moins, on pourrait profiter de la mer… Qu'en dites-vous, Carole ?

Et voilà qu'il la traite comme une reine maintenant… Ce n'est pas elle qui conduit que je sache. Il ne peut même pas voir sa tête. Dommage, sinon il se rendrait compte qu'elle ne le regarde même pas, qu'elle fixe son assiette avec un regard vide de poisson éventé et se fiche de lui comme de l'an quarante. Il est pathétique !

— Ne vous fatiguez pas, Claude. Si elle ne veut pas parler, on ne va pas la forcer… la pauvre.

J'ai dit ça sur un ton, limite cynique, et j'ai envie d'en rajouter une couche :

— On va dans votre bled, Claude, et on retourne vite fait chacun chez soi et, elle, je me charge de la ramener en mains propres à son mari puisque ça a l'air de la chagriner de ne plus être avec ce primate.

Grand silence autour de la table, soudain. Ils doivent trouver que je suis un salaud… ce n'est pas moi le salaud de l'histoire et ce n'est pas non plus moi, l'ingrat, dans tout ça. Elle continue à ignorer le vieux… Je l'observe. Elle a cet air de suppliciée, au-dessus de la populace, vous savez le genre « Je souffre… Que c'est affreux, mais je resterai digne, je ne dirai pas un mot ». Il vaut mieux qu'elle se taise, remarquez, plutôt que de nous casser les oreilles. Elle ne faisait sûrement pas la tronche avec son mari, sinon il lui aurait balancé une claque vite fait… Là, je deviens méchant. Mais qu'est-ce que j'en ai à faire de cette nana, après tout ? Rien. Sauf qu'elle est dans mon espace vital, alors je peux difficilement l'ignorer.

Les plats arrivent et heureusement on se régale. Tous, sauf Carole. Elle a demandé une salade à laquelle elle n'a pratiquement pas touché. Et ce regard fixé devant elle vers en bas… il faut que j'arrête de la surveiller, si ça continue, je vais la gifler. Et je ricane bêtement à cette idée. Tout le monde me regarde :

— Quoi ?

Ils ne disent rien. Ils ne comprennent pas pourquoi je me marre alors que je fais une gueule de mec à qui on vient d'annoncer un contrôle fiscal.

CORENTIN

L'attitude de Carole me gêne pas moi, peut-être parce que je suis pareil avec mes parents… Je la comprends.

Elle est total perdue... tellement perdue qu'elle ne veut plus penser à ce qui arrivera après et elle a tellement la pétoche, qu'elle se fiche pas mal de son présent. C'est ça que le SDF et le prof ne pigent pas. Elle leur en veut grave parce qu'ils l'ont mise dans une situation sans issue. Elle ne pense qu'à dormir pour ne pas se sentir partir à la dérive. Le déjeuner fini, je me lève pour aller aux toilettes et, en revenant, j'aperçois Alain qui accompagne le prof à la caisse pour payer. Je les rejoins juste à temps pour entendre Alain qui s'adresse au prof:

—On ne peut pas continuer ainsi, Claude, ça n'a aucun sens. C'est même dangereux pour elle si ça se trouve.

—On pourrait aller voir un docteur? suggère Claude.

Alain acquiesce puis rajoute:

—Il faut lui demander ce qu'elle veut, d'accord? On ne peut pas la retenir de force.

Le vieux me fait pitié d'un coup avec son air résigné.

—Il faut aussi lui rendre sa carte d'identité... je vais la donner à Corentin pour qu'il la glisse discrètement dans son sac.

Ils demandent à la serveuse l'adresse du docteur le plus proche qui nous accepterait pour une consultation sans rendez-vous. Une dizaine de kilomètres plus loin, Alain gare la voiture devant une maison. Cinq minutes plus tard, on se retrouve tous les quatre dans la salle d'attente. C'est carrément nul notre virée ! Je suis dégoûté, je m'attendais pas à ça.

Ils m'ont laissé avec Carole pendant qu'ils parlent au docteur. Il est plus tout jeune mais a l'air plutôt cool. Il s'approche de Carole, lui fait signe. Elle se lève mais insiste pour que je l'accompagne dans le cabinet. Gêné, je m'assois et fixe le bout de mes tennis. Puis, quelque chose me fait lever les yeux et je la vois toute frêle et vulnérable qui se déshabille. Je retiens un cri à la vue des multiples marques occasionnées par les coups de ceinture. J'ai le temps de me rendre compte que le médecin, lui, est resté impassible face au spectacle douloureux qu'elle offre. Il a dû en voir d'autres, je me dis. Moi, non. Je rebaisse vite les yeux vers le sol. Il l'ausculte, lui pose des questions et ne fait aucun commentaire. Il lui prescrit une pommade tandis qu'elle se rhabille. Puis il me fait comprendre que l'auscultation est terminée. Je ressors avec Carole tandis qu'il nous suit et rappelle Alain et le prof dans son cabinet.

ALAIN

—Je vais faire un constat, nous annonce le médecin, à peine sommes-nous rentrés. Cette femme a été battue et ce n'est pas la première fois. Elle a des cicatrices beaucoup plus anciennes sur le corps. Il rédige son papier et précise qu'il est prêt à témoigner si besoin était.

À peine sorti de chez le docteur, je cherche une pharmacie, me gare juste devant en double file et sors acheter la pommade puis reviens sans me presser. Je tends le paquet à Carole tandis que je rentre dans la voiture mais sans la mettre en marche. Je regarde Claude et lui dis, bien fort, pour ne pas qu'il se débine :

— C'est le moment, je crois.

Le vieux se retourne vers Carole :

— Carole ? Que voulez-vous faire : rentrer ou continuer ?

Elle reste silencieuse, l'air perdu.

—Vous décidez, Carole. Si vous voulez rentrer, vous serez chez vous ce soir, insiste-t-il.

Je l'observe dans le rétroviseur. Il y a de la peur dans son regard. Elle se tourne alors vers Corentin :

— On rentre ou on continue, Corentin ?

CORENTIN

Je ne réponds pas tout de suite. Elle doit prendre sa décision, pour elle-même, quelle qu'elle soit. Alors je lui répète doucement la question :

— Carole, vous devez décider. On rentre ou on continue ?

Je vois bien qu'Alain est surpris par ma pirouette, légèrement admiratif, je crois. Tiens ! c'est drôle, je ne l'appelle plus le SDF depuis qu'on est embarqués dans ce voyage et dans la même bagnole. Peut-être tout bêtement parce que j'imagine pas un SDF conduire ?

On attend et personne ne s'inquiète plus de la réponse. On n'est plus pressés du tout et, surtout, on est tous d'accord. On ne va pas la traîner de force. Carole a fermé les yeux, quelques minutes s'écoulent...

—On continue, dit-elle dans un murmure.

Le prof, trop content, renchérit aussitôt :

—Vous avez entendu, Alain ? On continue !

—J'ai entendu, marmonne Alain.

Et puis il annonce plus fort :

—Ce soir, on sera à Saintes... pas très loin de la mer.

—Pas loin de la mer ? répète Carole, incrédule.

Il n'y a que moi qui vois ses larmes couler.

CAROLE

La mer. Je ne l'ai plus vue depuis si longtemps. La dernière fois, c'était avant que mon père ne meure, j'étais adolescente. Après, avec ma mère, on n'a jamais eu assez d'argent pour partir en vacances et elle ne conduisait pas. Et avec Fabrice, les vacances sont toujours en fonction de lui et il ne veut rien visiter, alors on va chez ses parents à Limoges. Il part en vadrouille avec ses anciens copains et, moi, je reste seule, avec ses parents, plantés devant la télé toute la journée. Depuis onze ans. Il a dû en économiser de l'argent, même en changeant de voiture tous les deux ans... avec mon salaire et le sien. Cela dit, il paye toutes les factures dont le crédit de l'appartement qui est à son nom.

Pourquoi n'ai-je pas mon salaire sur un compte à moi ? Parce qu'au début, ça m'a paru normal de partager, mais on ne partageait pas, c'est lui qui décidait, et après l'engrenage est venu.

Je pleure en silence. Je ne sais pas pourquoi, les larmes ont juste débordé sans prévenir... Heureusement, il n'y a que Corentin qui peut me voir et, lui, ça ne me dérange pas. Je ne veux pas penser à « après », c'est la seule chose dont je sois sûre. Que ma peur me fiche la paix, au moins quelques jours. C'est sûrement l'effet des médicaments, mais je suis bien... je suis prise en charge, je n'ai rien à faire qu'à être assise et regarder le paysage défiler... et ce soir, pour la première fois depuis longtemps, je n'aurai pas peur de la nuit qui tombe... Je ne veux rien savoir d'autre.

J'ai été dure avec le vieux et l'ami, car je leur en veux de m'avoir arrachée à ma place, mon chez-moi. Et je leur en veux parce que je sais que je n'aurais jamais pu partir de moi-même, et donc ils me montrent ma faiblesse et personne n'aime ça. Ils doivent penser que je ne suis qu'une loque et une ingrate par-dessus le marché. Or paradoxalement, je les remercie quand même de ce répit qu'ils m'accordent.

Je vois la nuque de l'ami pas vraiment sympa, je trouve, puis dans le rétroviseur, ses yeux fixés droit devant lui. Je l'ai déçu, je le sens... il pensait que j'allais réagir. Qu'est-ce qu'il fait dans la vie, l'ami, à part se promener en ville avec un gros sac? Et Corentin? Il m'a dit qu'il avait pris des leçons de piano chez Claude pendant neuf mois. Mais que fait donc un ado avec ces deux types âgés?

Depuis qu'ils m'ont demandé si je voulais rentrer ou continuer, je me sens mieux. J'ai l'impression que je compte, que j'existe, que j'avais un avis à donner et qu'on m'a écoutée. En me laissant le choix et en suivant ma décision, ils m'ont rendu un peu de respect de moi-même.

Je m'entends dire:

—Je vous dois des excuses à tous les trois... et des remerciements aussi pour m'avoir sauvé la vie et pour vous être occupés de moi. Personne ne s'était occupé de moi comme ça... merci. Et aussi surtout, pour m'avoir donné le choix.

C'est eux maintenant qui sont silencieux... M'entendre aligner plus de deux mots leur a fait un choc, je crois ! Corentin m'a souri, mais c'est Claude qui parle, évidemment :

—Alors, profitons-en enfin !

—Autant qu'on peut en profiter dans une voiture sous la pluie…

C'est l'ami qui a parlé cette fois, il est toujours renfrogné. En fait, maintenant, c'est lui qui plombe l'ambiance.

ALAIN

Je vais laisser tout le monde à Saintes, ou à Royan… Carole n'a qu'à conduire, moi, je rentre. Je rentre ! Quelle ineptie. Pas besoin de rentrer. Je peux bien rester là où on s'arrêtera pour ce que je vais faire… Ils m'énervent tous, sauf le gamin. Je n'ai rien à leur dire en fait, je n'ai pas envie non plus. Je me demande bien pourquoi Claude veut voyager… il ne voit rien du paysage. Elle ? Elle retournera avec son mari qui lui mettra une bonne rouste et voilà ce qui arrivera. Ses excuses et ses remerciements, je m'en fous maintenant. Je pensais qu'elle était différente… mais non, encore une hystérique capricieuse. Tiens ! Un auto-stoppeur.

—Il y a un auto-stoppeur, Claude, ça vous dérange qu'on le prenne ? Avec cette pluie…

—Pourquoi pas ? Il a l'air de quoi ?

—De tout le monde ! Il n'a pas l'air dangereux si c'est ce qui vous préoccupe…

Je m'arrête à sa hauteur, Corentin s'est poussé au milieu, il ouvre la porte.

—Je vais à Saintes, dit l'auto-stoppeur.

—Nous aussi, je réponds. Il n'y a plus de place dans le coffre pour votre sac, il faudra le mettre sur vos genoux.

—Pas de souci. Merci !

Il monte. Je m'étonne de son âge. Il a dans les quarante-cinq ans et vu la qualité de ses vêtements, il n'a pas l'air fauché.

—On est bientôt arrivés, de toute façon. Dans un quart d'heure, tout au plus. Vous êtes tombé en panne ?

—Non, non ! Je vais à Saint-Jacques-de-Compostelle.

—En pèlerinage ? demande Claude.

—À ma façon ! Les pèlerins doivent aller à pied, mais je ne suis pas un vrai pèlerin. Je ne fais pas le chemin rigoureusement… je fais de l'auto-stop de temps en temps. C'est plus une destination et un prétexte à méditer.

Je souris, non pas à cause de ce qu'il vient de dire, mais parce que je suis certain qu'il doit croire qu'on est une famille.

—C'est indiscret de vous demander pourquoi vous allez là-bas ?

—En fait, j'ai envie de changer de vie… Alors, je me suis dit qu'une sorte de pèlerinage pourrait m'aider à trouver ce que j'ai envie de faire.

Et voilà qu'il précise, amusé :

—On dirait que je traverse une crise…

Au lieu de rire comme il s'y attendait certainement, nous sommes restés sérieux. Forcément, on est tous dans ce cas… sauf Claude qui, lui, veut vivre ce voyage avant de passer de l'autre côté !

Je change de sujet de conversation. Moi qui m'étais arrêté pour que quelqu'un d'étranger à notre groupe rafraîchisse un peu l'atmosphère. C'est loupé ! On doit attirer tous les paumés. Heureusement, nous arrivons à Saintes.

—Vous allez à un endroit précis ? je demande au faux pèlerin.

—Vous pouvez me laisser ici, c'est parfait. Je me débrouillerai. Merci encore !

Je me gare. Il descend et je me tourne vers Claude.

—Qu'est-ce qu'on fait ?

—On pourrait chercher un hôtel sur Royan ou ses alentours et faire un tour en bord de mer avant dîner ?

Je redémarre et une demi-heure plus tard, nous arrivons à Saint-Georges-de-Didonne. Je décide de faire le tour de la ville et m'arrête devant le premier *Bed and Breakfast* que je vois. Une maison sympa, construite dans le style des années 1970, entourée d'une petite pinède en guise de jardin. Corentin court en éclaireur se renseigner pour savoir s'il y a des chambres de libres. « Deux chambres avec deux lits séparés », nous annonce-t-il, fier de lui. Nous décidons que Corentin et Carole dormiront ensemble et moi avec Claude.

Nous montons nos sacs puis ils partent tous les trois pour une balade sur la plage. J'ai besoin d'être seul et je suis fatigué d'avoir conduit. Je vais prendre mon bouquin et aller sur une chaise longue, sur la terrasse. En fait, c'est moi qui fiche le bazar maintenant. Carole a l'air d'être réconciliée avec son présent, même si c'est plutôt une « lobotomisation » forcée. Corentin est content de rien… comme toujours, et Claude, pareil.

Mais qu'est-ce que j'ai ? Pourquoi suis-je devenu râleur maintenant alors que je devrais être soulagé par la réaction de Carole ? J'ai passé des moments vraiment super avec Claude, dans son jardin, sous la rotonde… Pourquoi je me bloque ? Qu'est-ce que j'ai à faire la gueule ? Parce qu'il m'a annulé un déjeuner à cause de sa femme de ménage psychorigide ? À cause de Carole qui n'a pas sauté de joie quand on lui a proposé de quitter son mari ? À cause du fait que je voulais me jeter sous un bus et que c'est reporté ? Non, la vérité c'est que je n'arrive plus à être vivant. Je n'ai plus d'étincelle, c'est tout. Elle est revenue fugace lors de mes premières rencontres avec Claude, parce que j'avais l'impression qu'une main tendue m'empêchait de couler et me proposait un moment au soleil… et comme un idiot, j'ai pensé que ça repartirait. Qu'il suffisait de profiter du présent.

Mais, bon Dieu ! C'est justement ce qu'il fait en nous emmenant vers son bled… il essaye de nous donner un peu de soleil… Oui, mais ! Je n'ai plus envie de soleil. Elle m'aura vraiment tout pris, ma garce de femme ! Pourquoi est-ce que je me suis marié. J'étais heureux, je menais ma barque, je faisais ce que je voulais, je voyageais, j'avais un business qui marchait bien. J'aimais ma vie en Thaïlande.

J'attrape mon bouquin et je reprends là où j'en étais. À la troisième partie :

LA MONTAGNE

Ainsi, il poursuivrait son essence jusqu'à l'apprivoiser : se rencontrer dans le passé pour appréhender son présent et essayer d'inventer son « à-venir », voilà ce que serait son expérience. Il déchiffrerait qui il avait été, aurait pu être ou n'avait pas voulu être. Au moins, il aurait un but : saisir ses causes, les accepter et les bercer, leur pardonner ou s'en détourner… Qui sait ? Faire refleurir certaines éventualités…

Il imagina… sourire juste parce que, se réjouir d'un rien, pleurer à chaudes larmes, rire à gorge déployée, désirer très fort, ouvrir ses yeux tout grands, sentir avec la bouche. Aiguiser ses sens… Il décida d'entendre la tendresse, de goûter avec les doigts, de voir en touchant tout – du beau jusqu'au laid –, de tâter la terre, la humer… Soudain… ! Tout cet apprentissage à refaire… cette sorte de recommencement lui parut insurmontable, si ingrat, presque injuste mais… il ne voyait pas d'autre issue. Continuer à végéter serait, il en était sûr, disparaître pour lui-même.

Cette chaîne de pas insensés le conduisit au pied d'une montagne où il poussa un soupir, un terrible soupir, anéanti à la vue de ce sentier abrupt, caillouteux, pentu… Aussi, pour se donner du courage, il eut besoin de se retourner… visualiser l'étendue de désert parcourue et tout au loin, le précipice franchi… Intégrant cette vision, il sut que la montagne en face était préférable. Au moins de l'autre côté l'attendait… autre chose. Il se mit donc en marche non pas en fixant le sommet (il en était incapable) mais en ne tenant compte que de ce que lui proposait le périmètre alentour, s'arrêtant, prenant son temps pour gravir, contourner un obstacle, économisant ses forces. Ne pas aller trop vite pour ne pas rouler en bas, ne pas penser, simplement avancer.

Il escalada, pleura, tomba, se blessa, se raccrocha, désespéra et hurla… !

C'est alors que l'écho de son cri le saisit d'effroi tant la douleur transperçait. Cependant, en y prêtant attention, il distingua quelque chose d'autre, quelque chose qui le rasséréna. Il entendit l'écho de la rage, du défi, de l'envie si humaine de réussir cette ascension. À chaque pas, il se disait « Je me rapproche » ; se souriait désabusé en ajoutant « De quoi ? » tout en imaginant que s'il arrivait au sommet, il vivrait un moment d'extase, inoubliable victoire sur lui-même. Chaque pas lui coûtait, mais chaque pas l'éloignait du désert.

Il ne s'acharna plus mais s'adapta, s'obstinant à faire corps avec son destin. Il apprenait à se nourrir à travers tous ses sens, du don de ce qui l'environnait et qu'il lui appartenait de décoder.

Peut-être par jeu ou simplement pour s'occuper l'esprit, il s'astreint à un exercice d'observation. Il commença à glisser vers le détail – révélateur de mondes et du monde – porté par chaque vision : une rivière n'était pas que de l'eau rafraîchissante, c'était un univers dans lequel existaient mille mondes avec leurs histoires cruelles, sauvages. Un animal aux aguets ? Une proie… ou un prédateur. Un arbre n'était pas qu'une ombre offerte, il pouvait attirer la foudre. Le vent ? D'abord bienvenu, s'enhardissait, devenant cinglant. Une herbe ? Empoisonner ou guérir. Une pierre ? Outil ou obstacle. Des insectes s'affairant ? Ravissement d'organisation ou piqûres vénéneuses…

Chaque existence, chaque réalité-image enfermaient un symbolisme, celui du dualisme. Tout était un incessant et perpétuel bouillon de vies, manifestations stupéfiantes d'imagination, variées à l'infini obéissant au même instinct de vie, de survie à double tranchant. Une ligne ténue séparait les deux contraires. Dès lors, le jugement devenait équivoque, car tout était nécessaire à la quête de l'équilibre. Une entité englobant deux opposés, entre les deux, une gamme quasi sans fin de possibilités. Une incroyable porte ouverte aux choix, au libre arbitre donc à la liberté. Intégrer ce concept – paradoxal et manichéen seulement *a priori* – menait à la conscience. Il suffisait d'accepter la réalité jusqu'à ses deux extrêmes.

Le ciel étoilé devint son toit, le sol rocailleux, sa couche ; l'univers fut sa maison, la nature, son confident et son semblable. Son corps à travers ses sens transmettait à son cœur, écrin dans lequel était venu s'installer son esprit, cette multitude de ressentis simples et d'évidences.

Accepter ce qui ne peut être changé, accepter entièrement tout ce qui arrive et se déroule. Décors et circonstances faisant un, s'entremêlant pour inventer une pièce de théâtre qui se joue, à tout instant, à tout endroit dans la plus grande majesté, la plus grande brutalité, dans la plus grande humilité, dans la plus grande confiance que ce qui est, est. Tout simplement parce que c'est la seule vérité que l'on puisse jamais connaître.

La seule vérité que l'on puisse jamais connaître… Je ferme les yeux et essaye de ne penser à rien. Mais l'image de moi-même en train de réapprendre à marcher et d'escalader… décidément, ne m'inspire rien. Non, je n'ai pas même envie de la gravir, cette montagne… parce que je suis ensablé dans le désert et que je refuse d'aller plus loin.

CLAUDE

Je me promène sur la plage, enfin. Je n'étais pas retourné au bord de la mer depuis mon enfance, comme Carole, mais pour une autre raison. Elle me tient par le bras, Corentin marche à côté. Les pieds dans l'eau, nous avançons au rythme régulier du ressac en inspirant à pleins poumons l'air marin. L'image idyllique en somme de tous vacanciers. C'est amusant comme prendre une respiration profonde au bord de la mer vous donne la certitude d'avoir fait le grand nettoyage de printemps dans votre cage thoracique et dans votre tête. Pourquoi ? Qui saurait dire quelle magie opère pour ceux qui vivent éloignés des côtes ?

Je perçois le monde autour de moi. Tout. Le léger souffle d'un vent qui vient du large, le cri des oiseaux, des mouettes sûrement. Les voix de personnes au loin qui me parviennent atténuées. Tant d'années ont passé mais le souvenir reste. La douleur est intacte, presque aussi vivante après pourtant soixante-quatorze ans. Je hume cette odeur marine, atmosphère reliée au passé qui m'enveloppe et me ramène au temps de mon enfance. Des images passent, fugaces, devant mes yeux fermés depuis si longtemps, mais mon cerveau a gardé l'empreinte de cette scène qui m'a hanté si souvent depuis.

1941 – Un dimanche comme un autre, passé à la plage, en famille… J'ai six ans, j'y vois encore, même si ma vision se trouble déjà. Ma sœur aînée qui rit tout en tournant autour de moi et menace de me jeter un seau rempli d'eau. Nos parents plus loin, allongés sur le sable. Des bateaux de pêche, le soleil brûlant que je regarde intensément, hypnotisé, jusqu'à cette lueur fulgurante juste avant de sombrer dans l'obscurité, le noir, le néant. La peur. Puis à nouveau, le bruit de la mer. Les cris de ma sœur qui hurle et appelle nos parents. Le froid qui s'empare de moi alors qu'il fait chaud… je ne comprends pas, ou plutôt si, c'est moi qui tremble parce que je sais. Moi qui refuse ce qui arrive, puis cesse trop vite de lutter parce que mes yeux me font mal et que je ne peux plus les garder grands ouverts. Moi qui préfère croire, encore quelques minutes, que je ne voie rien parce que mes paupières sont baissées. Mes cris remplacés par ceux des autres, mon cœur qui tambourine, le noir, le sable tiède qui accueille mon corps alors que je m'affale pour avoir perdu tout repère… L'hébétude face à ce qui se passe et ma vie, déterminée à jamais. Quelque chose s'est brisé pour toujours et je gis, tel un pantin affolé.

J'entends Corentin qui crie je ne sais quoi en nous éclaboussant. Les gouttelettes froides sur ma peau me ramènent au présent, à la vie. Pourtant, quelque chose s'est cassé aussi entre nous quatre depuis que nous avons quitté la ville. Je rêvais de joies, de rires, d'échanges ; rien de tout ça ne se passe. C'est comme si nous étions dans le même wagon, pour une même destination tout en évitant les regards de nos voisins et désireux d'ignorer l'autre, le compagnon, le frère. Nous nous sommes barricadé l'âme pour ne laisser y pénétrer ni émotions ni confidences.

—Décrivez-moi la côte, Carole..., lui ai-je demandé pour chasser ma mélancolie.

Elle me parle d'un bateau au loin, un voilier blanc qui rentre au port. Des nuages qui se forment en altitude, de la couleur de la mer, légèrement violacée au large, de ce que font les gens autour de nous. Corentin intervient par moments pour apporter son grain de sel.

Je les interromps brutalement tandis que je me suis arrêté de marcher :

—Y a-t-il un endroit où s'asseoir ?

—Là-bas, s'écrie Corentin, un gros rocher plat.

Carole me guide et m'indique que nous sommes arrivés à notre banc improvisé. Je tâte la surface irrégulière, chaude, des grains de sable restent collés sur la paume de ma main, je m'assois. Carole s'installe à ma droite et Corentin se laisse tomber dans le sable en face de nous.

—J'ai organisé ce voyage dans l'espoir de nous faire, en quelque sorte, un peu revivre... ou renaître. Cela dit, je vois bien maintenant que je vous ai forcé la main à tous. J'ai fait comme ta mère, Corentin, j'ai décidé pour vous de ce qui vous conviendrait.

Il proteste gentiment.

—J'ai toujours voulu faire ce voyage... mais pour diverses raisons, il n'a jamais eu lieu. Vous savez comment c'est dans ces cas-là, on se dit toujours « l'année prochaine »... Mes neveux n'avaient pas le temps, moi qui ne voulais pas partir seul… les années ont passé. Ensuite ? J'ai rencontré Alain il y a tout juste un mois. Nous ne nous connaissons pas vraiment, et pourtant nous avons partagé des moments d'intimité intense, je dirais. Je ne connais pas son passé, mais son avenir ne s'annonce pas serein. À son âge, il se retrouve sans rien et seul. J'ai eu la naïveté de croire qu'un petit voyage suffirait à…, à quoi ? Certainement pas à changer une vie mais au moins, à faire du bien. Toi, Corentin, tu avais envie de prendre un peu l'air, non? De te distancier de tes parents. Je ne le laisse pas répondre. Et vous, Carole, j'avoue, on ne vous a rien demandé, on est vraiment intervenu *manu militari* dans votre vie.

C'est tellement vrai que nous éclatons de rire ensemble. Quel bien cela me fait d'enregistrer nos trois voix qui vibrent en accord pour la première fois ! Je ne dois pas me laisser distraire, il faut que je parle, que j'essaye d'arranger ce qui peut encore l'être.

— Il ne faut pas être trop dur avec Alain, Carole. Nous nous sommes retrouvés, lui et moi, sous le choc. Témoins de votre maltraitance. Nous avons logiquement pensé à vous secourir. Je réalise, maintenant seulement, la bêtise que l'on a faite. Je m'en excuse. Nous n'aurions pas dû nous mêler de votre vie, vous aviez raison. C'est peut-être pour cela d'ailleurs qu'Alain est misérable maintenant. Il doit trouver notre conduite totalement lamentable. Mais ce qui est fait, est fait. Pour toi, Corentin, je ne m'inquiète pas… tu auras eu un peu d'aventure ces derniers jours et, à la rentrée, tu entameras une nouvelle vie.

Alors, c'est très simple. Réfléchissez, Carole. Demain matin, nous pouvons rentrer et j'irai au commissariat leur dire la vérité… pour vous protéger. Je dirai à la police qu'on vous a forcée et même droguée. Votre mari ne pourra pas s'en prendre à vous. J'invoquerai un début de folie, ça ne devrait pas être difficile à simuler.

J'écoute dans le silence qui est retombé, le bruit des vagues qui viennent mourir sur la plage comme mes espoirs, troublés discrètement par la voix de Carole qui s'élève timidement :

— Je ne sais pas, Claude, ce qui va arriver la semaine prochaine. Quand j'y pense, je suis effrayée. Mais je sais aussi que jamais personne n'avait été aussi bon avec moi depuis bien longtemps..., dit-elle en me passant son bras sous le mien et en le serrant. Et puis... je suis tellement heureuse de revoir la mer... ça faisait des années que... – je l'entends qui prend une grande respiration – ... en fait, j'ai une folle envie de continuer. J'aimerais continuer toute la vie comme ça, avec vous...

Je lui presse la main pour toute réponse. On se comprend. Je me sens mieux... je me redresse, respire en souriant. Son aveu a balayé tous mes doutes et regrets, cette idée de voyage après tout n'était pas si mauvaise. Je ne demande rien à Corentin, mais voilà qu'il parle :

— Perso, j'ai envie de continuer le voyage aussi.

— Moi aussi, les amis, ai-je avoué en murmurant.

CORENTIN

Je n'ai rien ajouté. Je les ai laissés avec leurs histoires et suis allé nager. Je nage vers le large, loin vers le large. Je me demande pourquoi les adultes compliquent tout, décortique tout ! Je nage. La mer est fraîche. Je me retourne sur le dos. Elle me porte. Je ferme les yeux et je suis bien. Loin de tous et de tout. Je savoure, ici, maintenant, flottant les yeux fermés, la tête vide de toute pensée. Plus tard, quand je me souviendrai de ce moment exact, je comprendrai que ce fut en cet instant précis que le déclic eut lieu. Je ne savais pas encore que tout deviendrait vite clair et que je saurais quel chemin suivre. Je reviens vers le rivage, je les regarde de loin : silhouettes miniatures, fragiles, aux existences tourmentées qui ne cessent de se battre pour un peu de bonheur. Tels des insectes retournés sur le dos qui agitent leurs pattes, qui ne cessent jamais d'essayer, jusqu'à la fin, et qui meurent d'épuisement. J'éprouve une vague de tendresse pour eux et je les remercie de ce que j'ai compris aujourd'hui. Je les rejoins et j'attrape ma serviette.

—Bon et si on allait casser la croûte? suggère Claude.

Une fois que nous sommes arrivés à l'hôtel, j'aperçois Alain qui est sur la terrasse. Je le rejoins.

—Salut!

—Ça va, toi?

Je sais qu'il m'aime bien, moi aussi je l'aime bien, je trouve juste dommage qu'il soit devenu râleur.

—Super! C'était hyper cool la balade sur la plage. Claude et Carole sont partis se doucher.

On reste un moment sans rien dire puis Alain me tape l'épaule en disant:

—Désolé, mon gars, je ne suis pas un compagnon de route bien gai…

—Ça vous plaît pas ce voyage?

—Il ne faisait pas partie de mes projets.

—Vous allez repartir?

Je sens qu'il hésite.

—Ouais. Je vais laisser Carole vous conduire. Moi, je quitte le navire.

—Pourquoi? Vous vous ennuyez avec nous?

—Ce n'est pas vous le problème, c'est moi.

—Dommage, ce sera pas pareil sans vous… vous étiez plus drôle la première fois que je vous ai vu.

Il ne répond rien.

—Je peux vous poser une question?

—Vas-y toujours.

—Qu'est-ce que vous faisiez sur le banc?

—J'attendais que le temps passe.

—C'est pour ça que vous faites la gueule tout le temps ?

—Ça n'aide pas à être joyeux.

—Vous pouvez pas recommencer?

—Quoi?

—À travailler… pour avoir une maison ?

Il me regarde droit dans les yeux:

—Et toi, Corentin? Pourquoi n'as-tu pas d'amis de ton âge? Pourquoi veux-tu partir loin de tes parents?

Je suis scotché par son agressivité. Puis, blessé, je me lève et lui balance en partant :

—J'ai peut-être pas d'amis mais moi, au moins, je sais reconnaître quand les gens sont sympas avec moi !

Je rentre dans la chambre en trombe, soulagé car Carole n'est pas là. Tant mieux. Je vais avoir un moment peinard. J'ai rien dit quand on est descendus de voiture, mais j'ai trouvé un carnet entre la portière et la banquette. C'est forcément l'auto-stoppeur qui l'a laissé tomber... Il n'y a ni nom ni adresse. On dirait une sorte de journal. Je l'ouvre et commence à lire son écriture serrée et penchée vers la droite :

... À notre époque où démontrer un excès de bons sentiments est souvent considéré comme l'apanage des faibles, voire un handicap sur le chemin de la réussite sociale, j'ai décidé de faire une expérience. À mes dépens. Je pars sac au dos pour aller à la rencontre de l'Autre et vérifier par moi-même si cela est vrai que l'égoïsme et la méfiance ont remplacé la solidarité.

J'ai la tâche aisée, j'en conviens, vu que je suis ce qu'on appelle un nanti. Très bien nanti d'ailleurs. Vous me direz que le jeu est facile, voire faussé puisque je ne risque rien. C'est vrai matériellement. Mais je suis curieux de savoir ce que je vais découvrir en chemin sur mes semblables et, sur moi-même finalement.

Mes fameux semblables...

Le paragraphe s'arrête. Je tourne quelques pages au hasard.

...Tous confrontés à la corruption, aux conspirations, aux coups bas, aux intérêts mesquins que nous servent quotidiennement ceux qui sont censés montrer l'exemple sans que rien ne change et, cela, depuis trop longtemps. Face à cet état de fait, force est de reconnaître que les gouvernements et leurs sbires ont perdu toute crédibilité et sont devenus quasi stériles. Ils ont

oublié leur rôle essentiel qui est de servir le peuple pour satisfaire leurs appétits voraces de pouvoir et d'ambitions personnelles. Et pour mieux nous gouverner, ils nous divisent et entretiennent cette division. En désignant des boucs émissaires, ils nous lancent des os à ronger pour nous distraire des vrais dangers qui guettent notre société. Pourtant, nous sommes le nombre, ils n'existent que par nous.

... Il y a urgence si l'on ne veut pas que l'individu disparaisse au profit de la masse, et que notre liberté et ce qui nous rend humains finissent broyés par la machinerie déjà mise en marche par cette poignée d'hommes – toujours plus avides – qui manipulent le monde et ne souhaitent qu'une chose, nous conditionner pour mieux nous manipuler dans leurs intérêts propres en nous amenant là où ils veulent que nous allions : vers leur idéal d'ordre uniformisé, toujours plus policier et calibré et vers une société qui s'avance dangereusement vers un monde toujours plus déshumanisé.

Quelles sont nos chances ? Ce sera le contenu de mon prochain reportage et c'est donc dans cette optique que je pars à la recherche des bons sentiments en me lançant, symboliquement et physiquement, sur les chemins de Compostelle. Ils en valent d'autres, après tout. Car redevenir humain – autrement dit, « bon pour ses semblables » – c'est sûrement ce qui peut nous sauver de nous-mêmes et nous rapprocher des autres.

Sans la compassion et sans vraie solidarité, l'Homme en tant que tel n'existera plus.

C'est vrai que les grandes causes dérangent, ou quelquefois effraient : il suffit de penser à la multitude d'êtres humains qui, au cours des siècles de notre histoire, se sont dressés face aux machinations pour souvent périr en défendant leurs idéaux, dégoulinants de bons sentiments.

On est plus prompt à critiquer, se battre pourquoi pas, mais aller jusqu'au bout ? Pas vraiment, moi y compris. Mourir pour changer ce fichu monde, décidément, ce n'est pas vraiment vendeur, et l'idéalisme n'est plus guère d'actualité dans nos démocraties.

De nos jours, si on avait à arborer une bannière, ce serait sans nul doute, celle de la sournoise technologie et du modernisme:

Internet et sa fulgurante manipulation via *la désinformation ! On fera cause commune le temps d'un frisson puis l'ordinateur éteint, on retournera à son quotidien.*

Ouf ! C'est chaud bouillant, ce truc... Je feuillette encore. Des listes de noms remplissent des pages. Des noms de politiciens de tous les pays, de tous bords. D'autres grands magnats des affaires, j'imagine, parce qu'il y a des noms de multinationales... Il y a des annotations concernant des articles parus dans *Libération* et une adresse de blog. Le sien ? C'était qui ce type ? Qu'est-ce que je vais faire de ce carnet ? Je peux pas le mettre à la poubelle... Je le glisse dans mon sac et vais me doucher.

CAROLE

Je descends le perron et j'aperçois Alain, toujours vautré dans un des fauteuils de la terrasse, toujours à la même place. L'inertie faite homme!

Corentin avait l'air fâché... Ce type lui aura dit quelque chose de pas sympa, je parie. Il est spécialiste pour piquer les gens là où ça leur fait mal... C'est facile de s'attaquer à un jeune.

—Vous vous êtes disputés avec Corentin? lui ai-je demandé en m'asseyant à ses côtés.

—Pas que je sache... je lui ai dit la vérité et il n'a pas aimé.

—OK, vous avez sûrement autre chose à faire de mieux que d'être avec nous, mais pourquoi être méchant avec lui? C'est un gosse !

Il tourne la tête lentement et me fixe d'un air dur:

—On dirait que vous savez vous défendre finalement.

Et il se lève sur ce sous-entendu. Je reste bête et... vexée. Puis il revient et me dit:

—Je vais vous faciliter la vie à tous. Je vous laisse continuer ensemble, moi, je m'en vais. Vous ferez le chauffeur.

—J'aurais bien aimé mais je ne peux pas conduire.

—Et pourquoi donc?

—Je n'ai pas le permis, espèce de mal embouché!

Je crois que je l'ai scotché. Il s'attendait pas à ça.

—Vous n'avez pas le permis? J'ai du mal à vous croire…

—C'est pourtant vrai… Fabrice m'a toujours dit que ce n'était pas la peine vu que je n'avais pas de voiture et qu'il était là pour m'amener où je devais aller.

Le mal embouché se rassoit.

—Je ne vois pas comment une jeune femme à notre époque peut se retrouver dominée à ce point?

Il ne cherche pas à se moquer, il est juste sincère. Il ne comprend pas, c'est tout.

—… Un engrenage…, et je rajoute plus bas, une soumission totale… plus de volonté. Mais ça, vous ne pouvez pas comprendre.

—Détrompez-vous, je comprends le vide, l'envie de rien… C'est pour ça que je…

Il s'interrompt en apercevant Claude et Corentin qui approchent.

—Bon, soupire Alain tout en se levant, je vais devoir continuer à faire le chauffeur si je comprends bien.

—Vous savez, Alain, ils vous aiment bien tous les deux…

—Ce n'est pas votre cas, hein? dit-il mi-blagueur.

—Je viens de changer d'avis.

—Parce que vous avez pitié ?

—Non, parce que, maintenant, je sais que vous comprenez.

ALAIN

—Je vais me laver si ça ne vous dérange pas de m'attendre encore cinq minutes.

—Prenez tout votre temps! a répondu Claude, apparemment enchanté que j'aie décidé de me changer.

Je me rase en vitesse, change de tee-shirt et redescends pour les rejoindre. Carole lui prend le bras et nous partons à travers les rues. Elle lui décrit le village. Je marche aux côtés du gosse.

—Saint-Georges-de-Didonne ! Je n'étais jamais venu ici. C'est sympa. Tu connaissais ?

—Non, dit Corentin… forcément puisque mes vacances je les passe là où y a des quantités de musées.

—Tu as de la chance, Corentin. D'accord, c'est moins drôle que de camper avec une bande de copains, mais tu ne perds pas ton temps non plus, tu t'instruis.

—On dirait un prof qui parle… En attendant, ma jeunesse, elle, elle sera perdue.

—Il y a pire, non?

—Possible.

—Crois-moi, tu finiras par en avoir des amis avec qui partir t'amuser. Tu n'as jamais eu d'amis?

—Si, avant… enfin, c'était plutôt des potes.

—Avant quoi?

—Avant que ma mère ne fiche tout en l'air, réplique-t-il amer.

Surpris de sa réaction, je lui jette un regard en coin. Il s'est refermé comme une huître. Je n'insiste pas. De toute façon, nous arrivons au restaurant. Nous nous asseyons à une table en terrasse et Carole énumère le menu à Claude qui choisit des anneaux de calamars frits. C'est plus pratique pour lui à manger. Je n'avais jamais réalisé qu'évidemment, quand on est un non-voyant, on a besoin que les aliments soient coupés. D'ailleurs il mange toujours avec une cuillère. Le dîner est bon, le vin se laisse boire, y compris par Corentin qui en a pris deux verres.

—Demain, nous passerons par Bordeaux, puis Saint-Jean-Pied-de-Port. Ce serait bien si on pouvait partir avant 10 heures.

CORENTIN

Quand j'ai rejoint Alain, le lendemain matin, il prenait un café tout en lisant le journal régional qu'il tenait grand ouvert. Je n'arrivais pas à en croire mes yeux. À la une, la photo de l'auto-stoppeur avec en titre « Un journaliste, victime de voyous ». Je me suis penché sur la table pour lire en vitesse : « … Denis Turnière, journaliste free-lance, connu pour ses articles diffusés sur Internet qui mettaient en cause les grands lobbies et autres sociétés occultes, avait par le passé, collaboré avec *Libération* et *Le Canard enchaîné*… Il aurait été victime de voyous – à la recherche d'argent ou autre objet de valeur – si l'on en juge par le bazar qu'ils ont laissé dans la chambre, selon le témoignage de l'hôtelier qui a découvert le corps. »

J'arrivais pas à le croire ! Je fixais cette photo jusqu'au moment où j'ai eu la grave impression que c'était plutôt lui qui me matait. Ça sentait pas vraiment bon son histoire. Et d'un coup, j'ai percuté : le carnet ! C'était plus qu'un truc ultra intime, c'était carrément de la bombe et pas au figuré. Je me suis arraché en laissant en plan mon petit déj' pour me précipiter dans la chambre récupérer le fameux carnet. J'ai attrapé mon sac à dos et suis reparti aussi sec. En passant devant la terrasse, j'ai balancé de loin à Alain que j'allais en urgence à la poste envoyer une copie de ma carte d'identité pour l'inscription à la fac. J'ai couru jusqu'à la première papeterie pour noter le nom du rédacteur en chef et l'adresse du *Canard*, acheter une enveloppe Kraft et repris ma course en direction du bureau de poste. Là, j'ai rempli un AR en indiquant, pour l'expéditeur, le nom du journaliste décédé, le nom de l'hôtel où il était mort. Je ne savais pas si ce geste servirait à quoi que ce soit, mais j'avais l'impression d'avoir fait un truc pour ce pauvre type qui n'avait finalement peut-être pas laissé tomber ce carnet par hasard.

Ça a pas loupé ! De quoi, ils ont parlé, à peine rentrés dans la voiture ? De l'agression de notre auto-stoppeur. J'étais grave mal à l'aise pour deux trucs : ne pas leur avoir parlé du carnet et l'avoir expédié illico par la poste. J'étais plus très sûr d'avoir pas réagi un peu trop vite. Du coup, j'ai utilisé la tactique de la marmotte : j'ai fait celui qui somnolait.

À la sortie de Biarritz, Alain a suivi la Côte-des-Basques par la corniche. Je regardais défiler le paysage, en faisant pas vraiment attention parce que je réfléchissais toujours à cette histoire d'auto-stoppeur. Je me demandais finalement si je devais pas parler du carnet à Alain quand on serait seuls. J'ai rien vu venir. Il y a eu ce choc en même temps qu'un bruit de tôle, grave horrible, et avant que je comprenne, ma tête est partie violemment sur le côté et a heurté quelque chose de rembourré. C'est bête mais je me suis demandé ce que c'était. Puis je me suis rappelé que c'était le plaid que j'avais roulé pour appuyer ma tête contre le montant de la portière un peu plus tôt. Ensuite, un giga silence, immense. Combien de temps ? J'en sais rien, mais j'ai vu Alain et Claude, immobiles, devant moi. Morts ou blessés ? J'ai tourné la tête à droite. Carole ressemblait à une statue. Elle était archi-blanche mais elle devait être vivante puisqu'elle avait les yeux grands ouverts. C'est là que j'ai compris pourquoi elle était tétanisée. La voiture était plaquée contre la paroi rocheuse, suspendue dans le vide !

À ce moment, la peur m'a sauté à la gorge. Une panique de ouf. Paralysante et silencieuse. J'ai pensé à plein de trucs. Je nous voyais continuer à tomber, j'imaginais le bruit de la bagnole qui s'écrasait. Je me demandais si je hurlerais d'effroi… Heureusement, j'ai percuté que des gens arrivaient. Je les entendais de très loin, je comprenais pas ce qu'ils disaient, mais de les savoir là, ça m'a carrément rassuré.

Puis quelqu'un a crié :

— Restez calmes ! Les secours arrivent ! Y a des blessés ?

Qu'est-ce qu'ils croyaient ? Qu'on allait se compter et leur répondre aussi sec en prenant le risque d'ouvrir une fenêtre qui ne s'ouvrait sûrement plus. Claude et Alain avaient leur ABS explosé devant eux, le nez dedans. Enfin,

Alain a parlé. Sa voix était calme, ferme mais super douce aussi. Il a commencé par nous appeler :

— Claude ?

— Je crois que ça va…

— Carole ?

Mais Carole n'a pas prononcé un mot. On aurait dit qu'elle nous calculait pas. Bon, heureusement, elle m'a souri, mais à peine, comme si elle faisait un effort énorme. J'avais trop la trouille qu'elle soit devenue gogole. J'ai répondu pour elle :

— Elle a les yeux ouverts. Moi, je crois que ça va.

— Vous avez entendu ? Les secours ne vont pas tarder, a continué Alain. Je pense que la voiture est retenue par les roues arrière à la rambarde de sécurité. Le moindre mouvement peut nous déséquilibrer. Il faut juste garder notre sang-froid et éviter de bouger.

Et avec l'attente qui commence, la panique m'envahit. C'est pas des craques : elle m'envahit genre l'entité qui prend possession d'un corps comme dans un film de science-fiction. Et là, je percute ce que Carole voulait dire quand elle parlait de peur qui paralyse. Je me demande si c'est pas qu'en fait le cerveau est tellement occupé à te faire visualiser les millions d'idées d'horreur qu'il imagine que, logiquement, il a plus assez de synapses pour commander le corps.

Justement, en ce moment, mon cerveau m'envoie des tonnes de clichés du genre mourir broyé, écrasé au fond d'un ravin… Loin de chez moi avec des gens que je connais à peine… D'un coup, je pense à mes parents… je les plains, les pauvres… je ne leur en veux plus, de rien. C'est tellement nul, je m'en rends compte maintenant. Je regrette le temps que j'ai perdu à faire la victime. J'aurais dû aller trouver mes potes et leur parler au lieu de subir et de m'enfermer moi-même dans le rôle de martyr incompris.

Parce que je n'ai pratiquement que des regrets. C'est de réaliser ça qui me fait le plus flipper. J'ai que des regrets en plus d'avoir encore rien vécu…

CAROLE

Enfin, la sirène. Elle se rapproche, ça semble interminable… Puis un gros bruit de moteur, de plus en plus fort… couvert par une voix dans un mégaphone :

— C'est le commandant de la brigade des sapeurs-pompiers qui vous parle. Nous nous occupons de vous. Restez calmes et surtout ne faites aucun mouvement brusque. Nous allons sécuriser la voiture avec des filins avant de scier la rambarde de sécurité pour vous hisser sur la route.

On dirait que le sablier du temps s'est mis au ralenti et ne laisse passer les grains que un par un. Une éternité s'écoule à guetter chaque bruit de métal, à surveiller le moindre coup, à s'agripper à la moindre secousse. Enfin un hurlement strident. La scieuse entame l'acier avec cette plainte acharnée qui dure et dure… jusqu'à ce que, violemment libérée, la voiture bondisse en avant dans le vide provoquant l'expansion de ma frayeur jusqu'à me donner la sensation d'une explosion dans ma cage thoracique. Pourtant, je suis incapable de crier. Je subis cette terreur en silence, comme par le passé. Puis le balancement de la voiture diminue, elle se stabilise contre la paroi… et s'arrête, retenue par une tension comme le cri resté dans ma gorge qui ne sortira jamais… Je glisse ma main sur la banquette jusqu'à rencontrer celle de Corentin. Je la serre fort, je dois lui faire mal tellement je serre. Je me tourne vers lui tandis qu'on se sent hissés en arrière au milieu de grincements lugubres. Corentin me cligne de l'œil. Claude est le premier à sortir de son mutisme :

— Il semble qu'on ait eu droit à un sursis…

Les portes s'ouvrent, on nous extrait, on nous rassure, nous emmène vers l'unité médicale mobile, on nous tâte, nous inspecte, nous questionne, nous renseigne… « Une camionnette qui doublait en plein virage, non, elle ne s'est pas arrêtée ; oui, des gens ont été témoins. Ceux qui nous suivaient, paraît-il, et le conducteur du camion doublé, lui aussi a tout vu. Ce sont eux qui ont prévenu les secours… »

On s'en est sortis tous indemnes, même pas une fracture. On se considère comme miraculés. Après des heures passées à l'hôpital puis à la gendarmerie et au téléphone avec l'assureur, nous avons pu enfin chercher un hôtel sur Saint-Jean-Pied-de-Port pour nous reposer. En fin de journée, Claude et Alain sont allés en taxi à une agence de location de voitures. Ils sont revenus avec une 308 coupé cabriolet ! Il paraît que Claude voulait à tout prix une décapotable.

Le soir, dans la salle de restaurant de l'hôtel où nous nous sommes rejoints, une bouteille de champagne nous attendait.

—On rentre ou on continue? a demandé Claude en guise de toast.

—On continue! avons-nous répondu à la limite du fou rire.

Et Alain a parlé pour tous :

—Si on est encore en vie, c'est forcément pour aller jusqu'au bout !

CLAUDE

Personne n'a parlé de ce qui s'était passé ou de ce qu'il avait ressenti, mais quelque chose de subtil avait jailli en chacun de nous, sans l'ombre d'un doute. Nous étions unis par un lien, intangible mais bien réel, quelque chose d'indestructible engendré par notre expérience commune d'avoir fait la traversée, ensemble, et d'être sortis vivants de notre face-à-face avec la mort.

Le dîner fini, nous sommes remontés dans nos chambres. Alain s'est endormi aussitôt. Je pense. Je revis cette journée. Tout à l'heure, nous aurions pu mourir. Pendant qu'on se balançait dans le vide, j'ai eu largement le temps d'avoir des remords, d'horribles remords, parce que je me sentais coupable, coupable et coupable. Entièrement responsable d'avoir emmené ces trois-là avec moi, sur la route et donc vers ce destin… qui nous a nargués une éternité, je dois dire !

Vous me direz, la culpabilité et les remords n'auraient duré que le temps de la chute. C'est déjà abominablement long ! Alors cette nuit, je m'endors en priant. Un besoin viscéral de remercier. Qui? Quoi? C'est fonction de chacun. Mais ce soir, je prie Dieu. Le Dieu de mon enfance.

CORENTIN

Carole me souhaite une bonne nuit puis éteint la lumière. Est-ce parce qu'il fait noir, mais j'ai besoin de me confier. J'ai besoin d'avouer que je n'ai pas été aussi valeureux que j'en ai eu l'air. Besoin d'avouer quoi ? Mes faiblesses, en fait.

—J'ai eu peur de mourir… surtout de n'avoir pas eu le temps de vivre, mais le plus dingue, c'est que mon plus grand regret sur le moment a été de ne jamais avoir fait l'amour. C'est ce qui m'est venu en premier. C'est ouf, non ?

Elle ne répond rien. Elle s'est sûrement déjà endormie. Mais non, car je sens la couette soudain soulevée et il y a ce contact : la tiédeur d'un corps, de son corps contre le mien. Je ne suis pas choqué. Je sais que ce n'est que le besoin de donner – et de recevoir – de la tendresse et du réconfort, une envie basique, humaine, simple et naturelle qui l'a amenée dans mon lit. Narguer la mort par un suprême geste de survie. Ce n'est pas Carole, ni une femme plus âgée… c'est la Femme qui donne Vie. Je sens les battements de mon cœur s'accélérer au fur et à mesure que ses mains, légères et discrètes au début, me caressent et m'éveillent à ces nouvelles sensations… Quelques doux baisers, presque chastes. Elle me fait ce cadeau que j'accepte sans réserve ni jugement. Elle me guide avec pudeur, jusqu'à m'amener à ma première fois. Doucement, elle s'écarte de moi, m'embrasse sur le coin de la bouche et retourne dans son lit sans avoir prononcé un mot.

Je me rappellerai toute ma vie cette journée où, en l'espace de quelques heures, j'ai côtoyé la mort et connu l'instinct de survie. Je me sens tellement vivant, je sais ce que je veux devenir. J'ai trouvé ma vocation et, non, ce n'est pas dû à l'accident puisque j'ai senti ce fameux déclic quand j'étais dans la mer et que je faisais la planche. L'accident a juste déverrouillé la porte. Ce flash qui est une certitude et qui passe d'abord par une sensation physique avant de se révéler clairement à la conscience. J'ai l'impression d'avoir vécu une transmutation en quelques heures, je suis né à moi-même. La vie me semble simple. Ce matin, j'ai failli mourir, demain, je serai en Espagne… *Si Dios lo quiere !*

J'ai aussi percuté qu'en ayant reconnu mes limites, j'ai enfin pu reconnaître et accepter celles de mes parents.

CLAUDE

Cela fait un bien fou d'avoir pris une décision qui, même si elle paraît inexplicable et insensée aux yeux des autres, est la chose juste pour soi-même. On le sait à la légèreté soudaine qui nous anime, à cette jubilation qui nous fait dire « C'était pourtant facile ».

J'ai adoré rouler en décapotable. Quelle sensation de liberté j'ai eue ! Sentir l'air sur mon visage ! J'avais bien entendu des motards en parler, mais c'est vrai. C'est une image archi-usée mais juste.

On arrive enfin à Lekeitio, au sud de San Sebastian. Je laisse mes trois compagnons se décider pour un hôtel situé sur le port. L'ambiance de la petite ville arrive à mes oreilles alors que nous descendons de voiture : le tintement des gréements, l'odeur âcre de l'eau qui stagne dans le port, la brûlure du soleil au zénith sur mon crâne. Je capte des bribes de conversations dans cette langue gutturale, forte et chaude qu'est l'espagnol. Je comprends ce que les gens disent. Je n'ai rien oublié. Un sentiment s'empare alors de moi, comme un coup de poing : je suis arrivé, enfin. Je me traite aussitôt d'idiot mais je suis un idiot heureux. Nous montons nous installer dans nos chambres doubles. Comme d'habitude, Carole et Corentin. Alain et moi. Carole frappe à ma porte :

—Vous êtes prêt, Claude ? Je vous emmène faire un tour !

Je prends un gilet et sors la rejoindre.

CAROLE

Je tiens Claude par le bras et nous nous promenons dans le quartier du port, si pittoresque, qu'il fait penser à une carte postale vieillotte avec ses bateaux de pêche amarrés le long du bassin en forme de U, ses quelques terrasses de café et ses cantinas avec leurs parasols ou leurs stores devantures aux couleurs sales pour la plupart. Nous empruntons des ruelles étroites où la fraîcheur vous saisit à l'instant où vous pénétrez dans leur zone d'ombre, retenue captive entre les murs des immeubles... des murs nécrosés par l'humidité qui gagne un peu plus chaque jour sur la peinture qu'on a du mal à imaginer qu'elle ait pu être, un jour, d'une couleur éclatante. Maintenant, du beige sale disparaît par tache et offre l'aspect d'une mycose géante. Une enfilade de balcons en fer forgé où pend du linge et s'accumulent des pots de fleurs plus ou moins reluisants selon si le propriétaire a la main verte ou non. C'est calme à cette heure-ci. Nous marchons encore un peu et débouchons sur une petite place où se tient le marché. Nous nous approchons des étals, les odeurs explosent, tentatrices. Puis nous repartons vers le port pour rejoindre Corentin et Alain à l'hôtel.

—Vous savez ce qui est arrivé à Alain, Claude?

—Je ne sais pas grand-chose de lui... juste qu'il a vécu de nombreuses années à l'étranger, surtout en Asie. Il avait une affaire à lui, un restaurant.

—Il était marié?

—Oui, sept ans, je crois. Il semble que cela s'est très mal fini pour lui. Elle l'a mis sur la paille et il a été obligé de revenir en France.

Après le déjeuner, Claude monte faire une sieste dans sa chambre. Je repars me promener. Arrivée au bout de la jetée, je tombe sur une maison qui a l'air d'être fermée depuis longtemps. Certainement une maison de vacances. Elle a trois étages en comptant le rez-de-chaussée. Devant, un jardinet abandonné, délimité par un muret.

Elle est toute blanche, un toit brun, des portes-fenêtres aux volets rustiques qui s'ouvrent chacune, sur des balconnets. On dit que les maisons ont une âme. Moi, je crois que les maisons sont comme les personnes, on peut avoir le coup de foudre. Là, j'ai un coup de foudre. Mais à force de la regarder et de m'inventer une vie comme font les petites filles qui jouent « à la dame », eh bien, ça finit par me faire mal parce que je sais que ça ne sert à rien. De la joie, je passe subitement à un état mélancolique. Je n'aurais pas dû entrouvrir la possibilité d'un ailleurs qui n'est pas pour moi. Dans quelques jours, je serai rentrée. Je repars vite vers l'hôtel me réfugier dans la chambre.

J'essaye de réfléchir à ces derniers jours… tellement de choses se sont passées. Avant l'accident, j'étais comme bloquée à l'intérieur de moi-même, séquestrée, dans une cage. Puis, d'avoir frôlé la mort, justement enfermée dans une carcasse, m'a métamorphosée : je ne veux plus jamais être prisonnière. Cette certitude s'est imposée, comme si on m'avait jeté un sort. Je ne contrôle rien, je n'ai rien voulu, c'est juste arrivé. Je veux voler de mes propres ailes, je ne veux plus que personne me domine ou me persécute. Ma camisole a été arrachée, je suis sortie indemne physiquement, mais surtout libérée psychologiquement.

Je ne suis pas rassurée à l'idée d'affronter Fabrice et le divorce. Oui, parce que, bien évidemment, je vais devoir divorcer. Déjà, mettre une énorme distance entre cet homme et moi. Comment ? Je n'en ai aucune idée mais je suis décidée. J'appréhende, mais ce n'est pas la même peur que je ressens maintenant, car cette peur je l'ai choisie. La route qui s'annonce est obscure, je ne distingue rien et je me sens comme si j'étais devenue aveugle moi aussi. J'avance à tâtons sur le chemin non tracé de mon avenir. Avec une différence. Avoir goûté à cette liberté m'a donné une formidable force qui ne demande qu'à être nourrie.

Je me lève aiguillonnée à nouveau par une certitude,

celle de pouvoir changer ma vie. J'ai envie de partager mon contentement avec quelqu'un… je cours frapper à la chambre de Claude.

—Entrez !

Il a une telle façon de chanter ce mot qu'il me fait toujours me sentir la bienvenue.

—J'ai vu une maison…, lui dis-je tout excitée.

—En ce moment, en Espagne, c'est le moment de faire des affaires.

—Elle n'est pas à vendre. C'est juste que j'ai envie de vous la montrer.

—Qu'attends-tu pour m'y emmener ?!

CLAUDE

Tandis que nous marchons le long des quais, je sens l'empressement de Carole, non pas dans son pas qu'elle accorde au mien, mais dans son silence et la tension dans son bras passé sous le mien. Je suis heureux pour elle, car si elle est encore capable de rêver et de s'enthousiasmer, l'essentiel n'est pas mort.

Je m'inquiète plus pour Alain. Va-t-il persévérer avec son projet de suicide ? Je chasse vite cette ombre qui obscurcit ce moment d'allègre complicité avec Carole. Ce moment où on autorise le rêve pour se reposer de toutes nos angoisses, nos misères et nos mesquineries.

—On est arrivés, murmure-t-elle.

—Décris-la-moi…

Nous allons nous asseoir sur un banc, juste là, dos au port et face à la maison. Le clapotis de l'eau entre la coque des bateaux nous parvient en rythme avec les craquements des gréements.

—Elle est comme toutes les autres, mais elle, c'est la dernière. À l'extrémité du port. On dirait qu'elles se soutiennent, serrées les unes contre les autres ; chacune est différente dans les détails… celle que j'aime est blanche avec des volets marron et c'est aussi la seule à avoir une pergola qui donne de l'ombre sur le jardinet de devant.

Nous sommes restés en silence. La vie nous joue de drôles de tours vraiment. Il a fallu que Carole remarque cette maison. Ma maison ou plutôt la maison de mes parents, et avant, de mes grands-parents maternels. Une maison où je n'ai plus remis les pieds depuis mon enfance et où je n'ai jamais voulu revenir, mais que je n'ai pu me décider à vendre. Même mes neveux ne sont pas au courant de son existence. Ma sœur me l'a laissée. Elle n'a jamais voulu y revenir et a rayé de sa mémoire les années en Espagne. C'est mon jardin secret. Une attache aux racines familiales. C'est d'ailleurs pour ça que je l'ai toujours fait entretenir. Pour qu'elle ne se dégrade pas et qu'elle reste propre, comme on entretiendrait un mausolée.

Puis un quelque chose que je n'avais jamais ressenti... une jubilation au creux de l'estomac qui accompagne une idée brillante, nouvelle. Ce moment où, à la croisée des chemins, s'impose un choix qui changera notre vie. Mais, le fera-t-on ce pas, dans cette direction inconnue ? Ou bien la raison, l'habitude et le besoin de sécurité ne s'allieront-ils pas pour nous faire rentrer à nouveau dans l'ornière de notre quotidien, confortable souvent, mais si peu stimulant ?

— Carole ? Que vas-tu faire en rentrant ?

— Je ne sais pas... rien ne sera plus comme avant. Je ne veux plus voir cet homme, Claude.

— C'est le bon choix, ma toute belle, c'est le bon choix... il ne faut jamais tourner le dos à la vie.

— J'ai peur du moment où je lui dirai que je veux divorcer.

— Ce ne serait pas sage de lui dire de visu... Il y a des hommes de loi pour ça.

— Si seulement je pouvais repartir comme neuve...

— Pour repartir à neuf comme tu le dis, il faut solder le passé, sinon il nous rattrape.

Puis nous avons quitté notre banc et, à ce moment, la tristesse de Carole m'a envahi. J'ai ressenti sa longue lassitude d'être incapable de forcer le destin par manque d'argent, de volonté et aussi de soutien, de chance ou de courage… Ce dos courbé qui accepte en sachant pourtant qu'il y a un ailleurs possible, mais avec tellement de « si » à surmonter et de batailles à gagner.

—Je n'ai pas eu ce choix, vois-tu… J'ai dû faire avec ce que la vie m'a accordé. Je n'ai pas à me plaindre puisque j'ai eu un toit à moi, un métier qui m'a permis d'être autonome et de rencontrer avec mon handicap des jeunes à qui je voulais insuffler l'espoir que je n'ai jamais eu… Ce furent de belles rencontres même si, à chaque fois, je savais ce qui les attendait. Quand tu es dépendant des autres, les portes ouvertes sont moins nombreuses. Tu es jeune encore, Carole, et tu n'as pas d'enfant, donc tu es libre de décider pour toi-même. Tu as un métier, de l'expérience et, tu as un joli minois !

—Vous ne pouvez pas savoir ! dit-elle en riant.

—Les hommes parlent, ma toute belle… Alain, Corentin… ils t'ont décrite, chacun à leur façon.

—Ils m'ont décrite ?

—Qu'est-ce que tu crois ? Je suis curieux… En tout cas, ça me rassure que tu aies décidé d'affronter ton armée de peurs ! Plus facile à dire qu'à faire, j'en conviens, mais les peurs sont faites pour être surmontées, paraît-il.

—J'aimerais bien y voir aussi clair que vous.

—Tu te moques de moi, ma parole !

Elle n'hésita pas trois secondes à se confier :

—Si je devais faire un vœu, là, maintenant, ce serait de rester ici avec vous trois… Mais vous, vous devez rentrer chez vous, Alain ira je ne sais où et Corentin reprendra ses études. Et moi ? Moi séparée de vous trois, j'ai l'impression que ma force me quittera.

—Tu devrais accorder plus de crédit à tes rêves.

—Pourquoi avoir choisi de venir dans ce village, Claude ?

—C'est parce que, pour la seule et unique fois de ma vie, j'ai accepté de suivre mon étoile.

—Je ne comprends pas.

—…

—Mais… et cet argent que vous dépensez pour nous, pourquoi ?

—Faut-il une raison pour faire quelque chose ? J'ai eu envie de vivre une aventure, que je n'aurais sûrement pas entreprise sans vous trois.

Nous nous sommes levés et avons repris le chemin de l'hôtel, chacun perdu dans nos pensées. Claude avait rendez-vous avec un ancien ami qui devait passer venir le chercher.

ALAIN

Corentin a changé. Son visage rayonne… L'accident ? Il aurait entrevu cette lueur que j'ai vue, lui aussi ? Cet espace-temps magique où vous savez que vous avez été touché par la grâce, sans comprendre ni les tenants ni les aboutissants : c'est juste que vous ne voyez plus rien de la même manière. Le présent prend sa place enfin avec tous ses petits bonheurs et, en plus, tous les détails qui vous auraient énervés avant ne comptent plus, n'ont plus prise sur vous… Il y a comme une sorte d'invincibilité à survivre à un accident qui déclenche un processus de modification. Plutôt une transmutation quant à la façon dont vous regardez le monde et appréhendez la vie.

Corentin est devenu un homme, je le sens bien. Il a cette assurance qui annonce qu'il est passé dans le clan des adultes. Il me rappelle moi, après ma première relation sexuelle… sauf que là, ce n'est pas le cas. Ou… si ? D'accord, il partage une chambre avec Carole mais… Non ! ce n'est pas possible.

Elle aussi a changé mais je ne suis pas sûr que ce soit suffisant pour qu'elle décide de prendre sa vie à bras-le-corps. Il n'y a que Claude qui soit resté le même… L'âge, sûrement. Avec l'âge, on côtoie plus souvent l'idée de la mort, qui sait ?

Moi, j'ai eu peur de mourir, comme un con! Une trouille de ouf, dirait Corentin. Alors qu'il y a quelques jours, je voulais me jeter sous un bus. Hier encore…

Alors quand je me suis senti comme une marionnette suspendue dans le vide, j'ai eu honte. Honte d'avoir une telle frousse puisque j'étais à deux doigts d'obtenir ce que je recherchais désespérément. Mais quand les secours sont arrivés, la panique s'est diluée et j'ai eu honte, une nouvelle fois, mais pour une autre raison. J'ai pensé que j'étais responsable de cet accident… qu'à force de vouloir disparaître, j'avais recherché et provoqué le risque. Je me suis détesté d'avoir entraîné trois innocents dans ma chute et j'ai prié pour qu'ils s'en sortent indemnes. Oui ! j'ai prié, moi ! Et cette vérité m'énerve autant qu'elle me fait sourire…

Je viens de décider de rester vivre ici, dans cette petite ville. Je mettrai tout le monde dans le train pour Loches quand ils décideront de repartir.

CLAUDE

Cela m'a ému aux larmes de retrouver Paco, mon ami d'enfance. La dernière fois que l'on s'est vus, nous avions à peine plus de dix ans. Il était mon ami, mon confident, mes yeux. Puis nous avons quitté précipitamment l'Espagne de Franco. J'ai communiqué épisodiquement par courrier pour l'entretien de la maison. Je ne l'avais plus revu, jusqu'à aujourd'hui.

—N'oublie pas de dire à ton fils qu'il doit faire comme s'il ne savait pas qui je suis.

—J'ai compris… Ne t'inquiète pas, il jouera son rôle à la perfection.

À lui, mon cher Paco, je me suis confié. Je lui ai tout raconté. Il sait maintenant que j'en ai pour quelques semaines, tout au plus. Il a eu la bonne grâce de faire de l'humour :

—Comment peux-tu me faire ça ? On vient tout juste de se retrouver !

Malgré cette sentence, je me sens léger, euphorique

presque. J'ai fait quelque chose d'un peu fou. Serge comprendra. Quant à Patrick? Il a pris le mauvais chemin, au mauvais moment.

Je m'assois à la terrasse de l'hôtel où je ne tarde pas à être rejoint par mes amis. Curieusement, il y a de l'électricité dans l'air. Une sorte d'excitation fébrile, quelque chose en suspens. Carole essaye d'oublier qu'elle va bientôt rentrer à Loches, mais elle cache mal son anxiété derrière un entrain simulé qui ne trompe personne. Corentin semble ailleurs. Il doit s'ennuyer d'être avec nous maintenant. Il a sûrement envie de repartir mais n'ose pas trop hâter le retour par égard pour Carole. Quant à Alain, il n'a pas sa voix habituelle. Je discerne un manque de spontanéité, quelque chose qui sonne faux. Il paraît empêtré dans quelque plan qu'il n'ose pas nous annoncer. Pourvu qu'il ne soit pas trop tard…

La serveuse a apporté quelques *pintxos*. Alain se racle la gorge.

—J'ai quelque chose à vous dire.

J'ai un pincement au cœur. Je ne le vois pas mais je parierais qu'il ne regarde personne et fixe ses mains. J'ai tellement appréhendé ce moment où il nous dira qu'il nous quitte. Pour garder contenance, j'étends la main vers l'assortiment de hors-d'œuvre et pioche un anneau de calamar frit – j'y suis abonné – que je mastique sans savourer.

—Je ne vais pas pouvoir faire le chauffeur pour le voyage de retour. Je reste ici.

Le silence tombe. Moi qui m'attendais à son départ imminent pour je ne sais où… il reste. Il reste! Je nage dans le bonheur. Je ne dois pas le montrer ce bonheur qui m'envahit. Cet Alain est tellement cabot qu'il serait capable de revenir sur sa décision s'il entrevoyait que son plan cadre à la perfection avec le mien. Mais les surprises ne sont pas finies… Nous entendons soudain Corentin dire d'une voix assurée:

—Moi aussi, je reste.

Cela suffit à faire sortir Alain de ses gonds.

—Pas question, tu repars chez tes parents! Je ne peux pas m'occuper d'un jeune morveux.

Le « morveux » était en trop... Ça jette un froid, momentanément seulement, car c'était sans compter avec l'intelligence de Corentin.

—Le morveux ne reste pas parce que vous restez. Le morveux a décidé, comme un grand qu'il est devenu, de passer l'été ici parce que le morveux adore cet endroit et qu'il est idéal pour des vacances comme il rêve d'en passer.

Il laisse s'écouler un moment avant de continuer :

—J'ai des économies et je peux me débrouiller, seul – il insiste bien sur ce mot – en attendant de trouver un job d'été. Et si ça vous soulage, à partir de demain, je ne vous connais plus, monsieur le mal embouché.

Alain éclate de rire en envoyant une grande claque dans le dos de Corentin.

—Je retire ce que j'ai dit, Corentin. Je m'excuse... Je suis content pour toi que tu aies envie de te débrouiller... je serai même heureux de te rencontrer, quelquefois !

—Et vous, Carole? lui demande-t-il maladroitement.

—... Il faut bien que quelqu'un vous raccompagne, n'est-ce pas, Claude ? rétorque-t-elle faussement enjouée en se tournant vers moi.

—Vous êtes libre, ma toute belle, je peux prendre le train comme un grand! Mais, figurez-vous que j'ai décidé de rallonger mes vacances quelque temps. Après tout, je ne suis vraiment pas pressé. Ça vous dit de rester un peu avec moi, Carole?

—Mais... pour l'argent ?

—Je vais vous mettre à l'aise. Que croyez-vous que j'ai dépensé sur mon salaire tout au long de ma morne vie? Rien, trois fois rien. Ce qui fait que j'ai de solides économies et que quelques jours de plus au soleil ne vont pas me rendre plus pauvre. En revanche, ils me rendront plus heureux !

—Je ne voudrais pas que vous pensiez que... je profite, explique-t-elle, gênée.

—Nos deux amis ici présents peuvent témoigner que c'est de mon plein gré que je vous propose de prolonger votre séjour en ma compagnie et, que je sache, je dispose de mon argent comme je l'entends. Ces deux-là peuvent bien faire ce qu'ils veulent, je vous garde sous mon aile jusqu'au départ !

Elle me prend par le bras, m'attire légèrement vers elle et m'embrasse sur la joue en me murmurant un « Merci » qui me fait l'effet d'un poignard dans le cœur tellement il est sincère. Je sens bien que les deux lascars sont surpris par ma décision.

—Qu'avez-vous en tête, Alain, si ce n'est pas indiscret ?

—Chercher un travail quelconque.

—Et toi, Corentin ?

—Avec mon niveau en espagnol, je devrais trouver un job pour la saison dans un café ou un resto.

Je sens bien que nos deux amis sont gênés par rapport à Carole mais… que peuvent-ils pour elle ? Rien. Rien parce que personne ne peut rien pour les autres. Pourtant, ils sentent bien qu'elle aussi aimerait tenter sa chance… mais elle n'ose pas se lancer et ce n'est pas aussi simple pour elle de chercher du travail. C'est vrai qu'Alain parle couramment espagnol. Corentin, lui, a le niveau du lycée mais, à son âge, on apprend vite et il saura se débrouiller à une terrasse. Mais Carole a un niveau à peine débutant sans compter qu'elle a perdu confiance en elle, il y a si longtemps. On lui a rogné les ailes et moi, j'ai peu de temps devant moi pour lui montrer que les ailes repoussent.

—*Que sera, sera !* dit Alain en levant son verre. Merci, Claude, pour ce que vous avez fait pour moi. Je ne pense pas être capable de rembourser la dette que j'ai envers vous, mais je peux vous dire que vous aurez changé le cours de ma vie.

—Moi aussi, vous avez changé ma vie, dit Corentin. J'oublierai jamais.

Ce gamin va me faire pleurer s'il continue et je ne veux pas pleurer. Je ne veux surtout pas pleurer. Je ne pleure qu'en écoutant de la musique classique et toujours seul. Vite ! je l'interromps…

—Je vous ai juste utilisés pour faire un dernier caprice de vieillard… venir jusqu'ici !

Au moment où je dis cela, je réalise que j'ai trop parlé.

—Justement, intervient Corentin, pourquoi vouliez-vous venir ici ? Vous nous l'avez jamais dit.

Je prends une gorgée de mon apéritif, histoire de me donner le temps de réfléchir.

—Parce que cette petite ville a un parfum similaire au village de mon enfance… et quand on devient vieux, on devient bête et sentimental, c'est bien connu. Et il y a certains voyages qu'on n'a pas envie d'entreprendre seul.

—C'est pas une vraie réponse, dit Corentin

—C'est la sienne, tranche Alain qui m'a démasqué et qui ne veut pas que les autres comprennent ce qu'il a compris. Alors, il noie le poisson. Peut-être qu'un jour, Corentin, tu reviendras ici avec tes enfants, histoire de retrouver ce moment qu'on a partagé et tu leur parleras de nous et de notre aventure… et du parfum de cette petite ville, tu comprends ?

Cher Alain ! Si pudique, si sentimental derrière son armure. Je sais que je peux compter sur lui maintenant. Pourvu qu'il se sorte de son enfermement, c'est tout ce que je lui souhaite. Au moins, en restant ici, il a fait le bon choix.

Comme je les aime mes chers compagnons inconnus… Des inconnus pour terminer le chemin, n'est-ce pas ironique ? Pas vraiment pour un non-voyant… on prend les mains qu'on nous tend. Avons-nous d'autres choix ?

Le soir même, je me débrouille pour avoir un aparté avec Alain tandis que Carole et Corentin sont montés se coucher. Je lui explique mes projets, et donc lui demande s'il pourrait m'accompagner le lendemain visiter une location.

—J'aimerais votre avis. Vous vérifierez que tout fonctionne, ce genre de choses…

—Combien?

—Quatre cent cinquante euros par mois, ai-je menti. Je compte la louer deux mois, le temps de l'été.

CAROLE

Je suis tellement heureuse que Claude ait décidé de rester un peu plus. Je me suis levée vers 6 heures, sans faire de bruit. J'ai envie d'une balade à la fraîche.

Je me demande bien pourquoi Claude a voulu venir ici. Je suis sûre qu'Alain le sait mais il ne dira rien. Il a bon cœur, cet homme, mais il est tellement secret qu'il interdit toute tentative d'intimité avec lui. Puis je pense à Corentin. Il a drôlement changé en une nuit... je me souris à moi-même.

De retour à l'hôtel, je monte me doucher puis rejoins les trois hommes sur la terrasse où ils prennent leur petit déjeuner. Claude me propose de les accompagner visiter une maison qu'il compte louer deux mois. Ce qui veut dire que nous restons tout l'été ! Je suis folle de joie.

L'heure du rendez-vous approche et nous partons en direction du port que nous longeons jusqu'à la jetée.

—Mais... c'est la maison que j'aime que nous allons visiter?

—Je ne sais pas, Carole... En fait, c'est mon notaire qui s'est occupé de contacter un agent immobilier et de lui demander de me trouver quelque chose, si possible sur le port.

—Je n'arrive pas à y croire!

L'agent immobilier arrive. Il a du charme. Je sens un agréable lancement au niveau du sternum, cela me fait bizarre ; il y a tellement longtemps que je n'ai pas été attiré par un homme. Claude fait les présentations. Pablo est le fils du notaire et dirige une agence immobilière.

L'intérieur est encore mieux que ce que j'imaginais. Elle n'est pas en ruine et plutôt fonctionnelle et confortable. Rustique, chaude, intime, elle a quelque chose, d'authentique, de solide et d'accueillant. Il y a deux grandes chambres meublées et deux pièces vides, plutôt vastes, plus une salle de bains à chaque étage.

Tandis qu'Alain vérifie la plomberie, le compteur électrique, le gaz, enfin toutes ces choses… Claude me demande de faire le tour des pièces pour voir s'il y aurait besoin d'acheter quoi que ce soit d'indispensable. Heureusement, j'ai apporté mon petit carnet. Je commence par le haut et ouvre tous les placards de chaque pièce pour voir si le linge de maison est suffisant et termine mon inventaire par la cuisine. La visite terminée, nous ressortons et prenons congé de Pablo.

— Je vous laisse réfléchir. Je passerai vers 18 heures à l'hôtel pour avoir votre réponse, nous dit-il avant de s'en aller.

Corentin attend que l'agent immobilier se soit éloigné.

— Elle est top, cette baraque !

— Qu'en pensez-vous, Alain ?

— Franchement, je ne m'attendais pas à ça. Bien entretenue, saine, spacieuse, bien conçue. Toutes les installations ont été refaites. Elle a juste besoin d'être aérée !

— Bon, décide Claude, je vous crois. Affaire conclue… Mais j'y pense. Vous pourrez toujours vous y installer, Alain et Corentin, le temps de trouver où vous loger ailleurs…

Corentin et moi sommes contents, mais Alain regimbe. Je comprends, son orgueil de mâle est touché.

— Je suis mal à l'aise, Claude… c'est généreux mais j'aurais l'impression de vivre à vos crochets… je ne dis pas ça pour vous, Carole. Vous, c'est différent.

— On a déjà parlé de ça, Alain, vous vous rappelez notre premier pique-nique ? Disons que c'est pareil. Que vous soyez là ou pas, je vais payer le même loyer… Alors, franchement ! Vous m'offrirez un gueuleton avec votre première paye et, si vous insistez, vous me rembourserez plus tard.

Alain regarde Claude, droit dans ses yeux fermés. Il a une curieuse expression.

— C'est entendu. Vous êtes un type bien, Claude.

—Vous aussi, mes amis… se coltiner un octogénaire malvoyant, c'est pas une sinécure ! Bon, affaire réglée. Je dirai donc à Pablo que c'est d'accord et que nous aimerions y rentrer demain.

L'ambiance est enfin, et pour la première fois, joyeuse et détendue entre nous. C'est normal, on revient tous de loin grâce à l'entêtement d'un vieil homme. J'abandonne tout le monde pour aller au cybercafé. J'ai deux mails à écrire. Au moment de cliquer sur « ENVOYER », mon pouls s'accélère tandis que j'ai la sensation de faire voler en éclats une charge de plusieurs tonnes qui me retenait captive.

CORENTIN

—Allô, maman ? Je ne la laisse pas parler. Oui, c'est super et, justement, j'ai décidé de rester passer l'été ici. Le prof de piano va louer une maison jusqu'à fin août. Il m'a dit que je peux y rester autant que je veux. Je vais chercher du travail dès demain.

Il y a d'abord eu le silence… puis des « Quoi ?! » criés, des « Comment ça ?! » stressés, puis des « Mais tu ne peux pas ! On t'attend pour aller à Oxford, j'ai déjà… » que j'interromps, sur un ton calme, mais ferme :

—Vous irez, toi et papa, ça vous fera du bien d'être tous les deux…

Évidemment elle ne me laisse pas finir :

—Mais tu n'y songes pas ! Je te demande de revenir dès demain, tu m'entends ?

—J'ai dix-huit ans et, à partir de maintenant, je décide pour moi-même, d'accord ?

—Mais…

—Écoute, maman, si tu acceptais pour une fois, ça nous changerait la vie. Je veux rester ici le temps des vacances. Je reviens fin août, c'est quand même pas la fin du monde !

—Donne-moi au moins une adresse, et puis je veux parler à ton professeur.

—Il est couché, mais je lui dirai de t'appeler demain.

—On pourrait passer…

—Non, maman, je ne veux pas que tu passes. Je veux être seul, loin de vous. Ne le prends pas mal, mais j'ai besoin de me débrouiller sans vous. Je t'appellerai de temps en temps. Et s'il te plaît… ne téléphone pas tous les jours.

Je l'imagine déjà attendre le retour de mon père pour lui annoncer entre larmes et gémissements « ma folie et la mauvaise influence de mon prof », « qu'elle savait qu'elle n'aurait pas dû me laisser faire ce voyage ». Mon père écoutera sans broncher, mangera sans lui répondre et pensera que lui aussi aimerait bien prendre des vacances tout seul.

Je suis content, je me sens libéré et j'ai l'impression qu'enfin, pour la première fois, j'ai décidé quelque chose pour moi. J'entends Alain qui annonce qu'il va se rendre à une agence intérimaire. Je lui demande si je peux l'accompagner. Il sourit, il a dû entendre ma conversation.

—Soulagé ?

—Ouais.

—T'as raison, mon gars, rien de mieux que la liberté… Allez ! allons voir si on peut trouver à s'occuper par ici.

—Je peux venir ? nous apostrophe Carole, depuis le porche de l'hôtel.

—Plus on est de fous… Ils vont croire à une invasion à l'agence.

J'éclate de rire.

—Ils vont sûrement nous prendre pour une famille !

—On est un peu devenus une famille, non ? réplique Carole, sentimentale.

—Dans la famille « À la recherche d'un emploi », le père, la mère et le fils, dit Alain. Alors comme ça, vous aussi ça vous dirait de rester un peu ? demande-t-il à Carole.

—J'aimerais bien.

—Et votre mari ?

—Je viens de lui envoyer un mail en lui disant que je demande le divorce. Et j'ai informé mon patron que je démissionnais et je lui ai joint les coordonnées bancaires de Claude pour qu'il me verse mon dernier salaire sur son compte.

Alain s'est arrêté de marcher.

—Vous êtes sérieuse?

—Absolument...

—On dirait que l'accident nous a chamboulé les neurones à tous... Corentin qui annonce à sa mère qu'il passe l'été loin de ses jupes et vous, maintenant, qui pensez entamer un divorce... sans compter Claude qui a décidé de prendre deux mois de vacances.

—Et vous!

Alain me regarde en levant un sourcil interrogateur.

—Oui, vous aussi!

—Moi? Je serais allé quelque part, c'était prévu avant... et de préférence n'importe où, alors pourquoi pas ici.

Carole et moi échangeons un clin d'œil.

ALAIN

Je me sens aérien, bien que... bien que j'appréhende le moment où Claude nous quittera. Quand ? Bientôt sûrement. Je le connais à peine ce vieux et je me suis attaché à lui. Pour Carole, ce sera un choc. *Así es la vida !* C'est un malin quand même dans son genre, il a réussi à nous emmener tous autant que nous sommes jusqu'ici et, chose incroyable, chacun de nous a décidé de rester. Il n'a jamais eu l'intention de retourner à Loches. Il est venu passer ses dernières semaines là où sont ses racines. Sacré type quand même !

Il va sûrement me faire promettre un truc du genre ne jamais laisser tomber Carole jusqu'à ce qu'elle s'en sorte, je le vois venir gros comme une maison. Il sait bien que Carole et moi, on ne sera jamais que des amis. C'est le bon côté de cette relation : aucune attirance, juste de l'amitié. Elle pourrait être ma fille, en fait. Ça simplifie nettement. Je crois qu'elle est beaucoup plus forte qu'il ne le pense. Elle aussi s'est transformée et je ne m'en fais plus trop pour elle. Son mari va rentrer tout doux dans la niche quand il verra que son jouet est cassé.

Tiens, Claude est avec Pablo. Je me dirige vers eux.

— On emménage demain matin ! m'annonce Claude.

CLAUDE

Finalement, la mauvaise blague que Patrick voulait me jouer aura servi à quelque chose ! S'il savait que j'ai contacté son promoteur pour lui vendre la maison de Loches. Il n'a pas réfléchi à deux fois, le type. Angéla s'est chargée de vider la maison et de m'expédier les quelques affaires auxquelles je tenais. J'ai fait rédiger un nouveau testament et Serge recevra, en temps et en heure, une longue lettre pour lui expliquer ma décision.

Je ne vous ai pas dit ? J'ai légué la moitié du fruit de la vente de la maison de Loches – qui équivalait à la part de ma sœur – à Serge et à François. Je n'ai pas eu le cœur de le déshériter. Angéla aura droit à une petite enveloppe, plus que petite, en fait. Elle mérite bien ça pour m'avoir supporté toutes ces années. Et j'ai désigné Carole et Alain comme légataires universels de mes biens. Ils ne sont bien sûr au courant de rien.

Nous avons passé un été merveilleux tous les quatre. Mon plus bel été depuis mon enfance, à vrai dire ! Vers la mi-juillet, Alain a trouvé un poste de gérant d'hôtel, juste à la sortie de la ville, au bord de la mer. Un gentil petit hôtel trois étoiles pour lequel il semble avoir un millier de projets. Il est transformé et a l'air d'aimer son travail. Corentin a passé l'été comme serveur dans un café sur la place du marché puis nous a annoncé gravement, un soir, qu'il avait choisi de devenir missionnaire. Il s'est inscrit pour des études de théologie, à Paris. Vous imaginerez sans mal que cette décision a arraché plus d'une lamentation à sa mère. Quant à Carole, elle est rayonnante depuis bientôt deux mois et Pablo n'y est pas étranger. J'ai l'impression qu'ils ne vont pas tarder à sortir ensemble, d'autant que son divorce est sur le point d'être prononcé.

Elle n'a plus eu de nouvelles de Fabrice qui s'est fait tout petit, vu le dossier à charge qu'elle avait monté avec notre aide.

Et la fin août est arrivée, tout doucement… L'heure pour moi de laisser mes amis.

« Tout est bien dans le meilleur des mondes… », me murmure quelqu'un à l'oreille. Je tourne instinctivement la tête sur le côté et j'aperçois… Oui ! j'aperçois – je vois ! – une créature… Comment dirais-je ? Splendide. Grande, mince, une tunique longue plissée d'un magnifique vert bronze, des cheveux neige qui lui arrivent aux épaules, des yeux vert émeraude et un sourire à vous damner.

—On y va, Claude ?

—Alors, c'est comme ça que ça se passe ? Vous êtes…

—Palahi, ton ange gardien.

—Ah ! Je vois que l'on met mon cercueil en terre. C'est le moment alors.

Je vais être bien à me promener par là, à les regarder vivre au rythme espagnol. Je reverrai sûrement Corentin en vacances de temps en temps. Au fait ! J'y vois clair maintenant et je profite d'avoir retrouvé la vue pour en user et en abuser : tous les jours, je rends une petite visite à mes deux protégés.

Les travaux, commencés il y a un mois, sont quasiment finis maintenant et la pension s'appelle *Casa Claudio*. Ça me plaît bien d'avoir laissé une petite trace de mon passage sur Terre. Carole et Alain ont décidé de transformer ma maison, qui est la leur désormais, en pension de famille – d'où les travaux pour aménager quatre chambres avec salle de bains au premier étage, celui que j'occupais avec Corentin. Pablo a déjà trouvé trois locataires pour le mois d'octobre. Inutile de vous dire que la maison a repris vie grâce aux doigts de fée de Carole qui s'occupera de la gérance, de la comptabilité et des repas. De tout, en fait ! Alain lui a laissé le business en renonçant à sa part, il m'aura embêté jusqu'au bout celui-là ! Ce qu'il ne sait pas, c'est que Carole lui a réservé un chien de sa chienne. Elle aussi est devenue têtue. Elle a placé ce qu'il restait de mon argent après les travaux, sur un compte d'épargne qu'elle destine à Alain. Elle se dit qu'un jour s'il rencontre quelqu'un, il en aura peut-être besoin. Pablo et Alain sont devenus amis et le trio se retrouve souvent pour dîner, chez l'un ou chez l'autre. Alain a emménagé dans un des bungalows de son hôtel. Il a enfin fait la paix avec son passé à la suite de notre accident et surtout, trouvé quelque chose de plus rare encore, le sel de la vie.

Elle lui a préparé un marmitako, du thon en petits morceaux, avec des piments, des tomates, de l'ail, des oignons et des pommes de terre en dés. Oh, ça ! elle n'a pas été longue à se mettre à la cuisine régionale. Pablo les rejoindra plus tard, il est resté avec son père. C'est vrai que mon vieil ami Paco ne va pas fort depuis quelque temps. Alain est rentré peu après le café. Il veut profiter de sa soirée au calme, en écoutant de la musique.

Il a envie de jazz ce soir. Il choisit un CD, le glisse dans le lecteur et décide de faire un peu de tri dans les tiroirs de sa bibliothèque. Il vire de vieux journaux, classe des papiers au passage et, ce faisant, découvre un bouquin qu'il n'avait jamais fini ou n'avait sûrement jamais voulu finir. Il sourit, hésite et le prend. Il va vers la terrasse, s'allonge sur une chaise longue, ferme les yeux un moment en écoutant la voix unique d'Armstrong… qui l'emmène plusieurs mois en arrière, où tout a commencé, ou plutôt, recommencé. Sur le banc en face de chez moi. Il ouvre le même livre et reprend sa lecture, interrompue au milieu de la troisième partie, le chapitre sur la montagne :

> Un matin, alors que le soleil émergeait de l'horizon dans son habit écarlate, accouchant d'une peinture irréelle, si belle, si douloureusement bouleversante et émouvante dans son offrande, il s'arrêta, le souffle court, absorbant par tous ses pores cette œuvre vivante, mouvante, évoluant sans but sauf celui d'accomplir sa part en donnant le meilleur. Hypnotisé par la féerie de ce

tableau – ... absolument quotidien –, il atteint le sommet... puis se mit à sourire mais d'un sourire que ne contenait plus son visage... il était arrivé... enfin... ! ... Il lui sembla même entendre son propre rire avant de s'écrouler par terre. À son insu, la chrysalide était devenue papillon.

Alors seulement, il prêta attention au silence, un drôle de silence, inhabituel, solennel, mystérieux. Ensuite un léger bruit, comme un battement... ... Oui ! C'était bien son cœur qu'il écoutait... palpiter, là, en lui ! ... Il eut enfin envie de pleurer.

Ému, tremblant face à cette délivrance, il se retourna lentement vers l'étendue de sable où il crut voir... là-bas, là-bas ? Et... plissant les yeux pour mieux distinguer, il discerna des points, puis des formes éparpillées, isolées... des Hommes !

Il ferma ses yeux d'où une larme, une seule, s'échappa, glissa... et il cria du tréfonds de son âme « Frères ! ». Il entendit l'écho de plus en plus puissant remplissant l'espace, s'amplifiant, de plus en plus rapide... Il rêva que le vent se levait, portant son message.

Comme il pleura ! Il pleura secoué de sanglots, il pleura sur toute cette sottise vaine qui aveugle, qui empêche. Il pleura des heures. Il se vidait de ses peines passées et de celles à venir, car il savait aussi que, quel que soit ce paysage qui l'attendait en bas, il lui arriverait de trébucher ; il savait qu'il faiblirait encore mais il savait aussi que tout était à sa place.

Il n'avait toujours pas de réponse à sa question, il en fut déçu. Mais au moins, il avait trouvé le moyen de vivre la vie le moins sottement possible, le plus humainement concevable du moins pour lui. Il oublia la question restée sans réponse et songea que peut-être la question avait été mal posée : que ce n'était pas chercher à savoir ce pour quoi on était fait, mais plutôt faire le mieux possible ce que l'on faisait.

Il accepterait chaque jour, chaque forme de vie, chaque mot ou son, odeur ou goût, idée ou événement, épuré de tout sentiment critique.

La Vie évoluait sans cesse, n'était que mouvement et transformation, tout était destiné à changer, les êtres, les sociétés, les pensées, les défis, les peurs, les sentiments, les paysages, les climats, l'univers et ses étoiles, les préjugés, les croyances et même les questions... Tout.

Naître, croître et mourir.

Il accepta la marche de l'univers, il accepta de s'y fondre et il accepta de n'être qu'un maillon – mais Ce maillon unique – dans une chaîne dont la trajectoire et la finalité lui échapperaient à jamais...

Il resta des journées entières, là-haut, sur ce sommet se rappelant un vers de Khalil Gibran « ... la vie te battra comme du blé pour en faire jaillir le grain... ».

Puis,

Il entreprit la descente.

Il rejoignit son destin d'homme, s'en retournant vers les autres.

... Qui l'aurait vu descendre aurait aperçu une silhouette, les bras grands ouverts, un sourire réparateur sur les lèvres, les yeux levés vers le ciel – il n'avait plus besoin de regarder où il marchait –, il embrassait tous ses pas, les embûches comme les joies futures.

Il n'avait pas trouvé son chemin,

Juste une simple façon de le parcourir.

Mais !

... Respirer toutes les odeurs du monde.

Merci à mon père qui m'a transmis ses valeurs,
et à mes enfants qui les respectent en tant que telles.

Composition :
Studio Ben – 27 rue du Temple 95100 Argenteuil

Achevé d'imprimer par GGP Media GmbH, Pößneck
en février 2015
pour le compte de France Loisirs,
Paris